ゼロから

オランダ語

新装版

清水 誠

会話
中心

三修社

本書の使いかた

本書は次の部分から構成されています。音声を聞きながら，生きたオランダ語を効率良く楽しく学んでください。

文字と発音

オランダ語の発音はやっかいですが，つづりはとても規則的です。ここでは個々の文字の読みかたをマスターしましょう。注意が必要な発音規則をコラム形式にして，別にまとめてみました。

覚えるフレーズ

よく使うあいさつの表現を中心に紹介します。**文字と発音**で学んだ知識を確認しながら，声に出してみましょう。

ダイアローグで学んでみよう

日常生活のさまざまな場面を想定した20のダイアローグを設定しました。会話文にはカナ発音をつけ，右ページにはくわしい解説を添えてあります。**この課のポイント**では，最も重要な文法・語法項目をやさしく解説します。

文法編

この課のポイントでは扱えなかった文法事項や語法について，補足説明を加えます。ダイアローグの内容をより良く理解する助けとしてご活用ください。

インデックス

本書に出てくる重要な単語を**単語インデックス**に列挙しました。**文法・語法インデックス**もつけましたので，知識の整理に役立ててください。

音声ダウンロード・ストリーミング

①PC・スマートフォンで本書の音声ページにアクセスします。
https://www.sanshusha.co.jp/np/onsei/isbn/9784384060928/
②シリアルコード「06092」を入力。
③音声ダウンロード・ストリーミングをご利用いただけます。

まえがき

この本はまったくの初心者を対象とした，会話中心の実用的なオランダ語入門書です。オランダ語をほとんど正式に教わったことがない著者自身の苦い経験を生かして，外国語が不得意な人でも独力で最後まで学べるように，いろいろな工夫を織り込みました。

オランダ語とはどんな言語なのでしょう。じつは，オランダ（約 1,600 万人）以外に，ベルギー北半分のフランドル地方（約 600 万人）でも話されている言葉なのです。オランダ語は英語，ドイツ語，スウェーデン語などの仲間で，ゲルマン語という巨大なグループの一員です。海に開かれ，大国の狭間で生きてきたオランダ人は，異文化への寛容，質実剛健，すぐれた現実感覚が特徴と言えるでしょう。フランドル人はフランス語圏のワロニー地方の人々とベルギーという一つの国家を共有しており，中庸を重んじ，中世以来のカトリックの文化的伝統と生活の豊かさを大切にしています。

今日，世界最大の港湾都市ロッテルダムと首都アムステルダムを中心とするオランダ首都圏は，国際的企業が密集するヨーロッパ有数の大経済圏で，日本人も数多く居住しています。オランダ語圏は，酪農，乳業，治水，国際法，社会福祉，言語学，東洋学，園芸，絵画，古楽器演奏，陶芸，織物工芸などの分野でも重要です。

オランダは日本と 400 年以上の交流の歴史があります。オランダ語は鎖国下の江戸時代に「蘭学」を通じてヨーロッパの先進的な学問技術をもたらし，最も長期にわたって近代日本の形成に多大な影響を与えた言語です。今日，オランダ語を正式に学べる大学は，日本にはひとつもありません。しかし，当時の日本のエリートたちは，現代の学生やビジネスマンが英語を学ぶように，オランダ語の学習にひたすら情熱を注いだのです。

こんな魅力あふれるオランダ語について，本書でその基礎知識を楽しく習得していただければ幸いです。なお，執筆にさいしては，拙著『現代オランダ語入門』（大学書林，別売 CD 付）の巻末に記した種々の教材から多大な恩恵を受けました。さらに理解を深めたい読者には、同書と並んで、拙著『オランダ語の基本』（三修社）を手に取ることをお勧めします。また，編集にさいしては，三修社編集部の永尾真理さんに数々の貴重な助言をいただきました。

もくじ

オランダ語圏の地図（156ページ参照）

文字と発音

001 アルファベット　Het alfabet［エト アルファベト］

A	a	［アー　aˑ］	N	n	［エン　ɛn］
B	b	［ベー　beˑ］	O	o	［オー　oˑ］
C	c	［セー　seˑ］	P	p	［ペー　peˑ］
D	d	［デー　deˑ］	Q	q	［キュー　kyˑ］
E	e	［エー　eˑ］	R	r	［エる　ɛr］
F	f	［エフ　ɛf］	S	s	［エス　ɛs］
G	g	［へー　ɣeˑ］	T	t	［テー　teˑ］
H	h	［ハー　haˑ］	U	u	［ユー　yˑ］
I	i	［イー　iˑ］	V	v	［ヴェー　veˑ］
J	j	［イェー　jeˑ］	W	w	［ゔぇー　ʋeˑ］
K	k	［カー　kaˑ］	X	x	［イクス　ɪks］
L	l	［エル　ɛl］	Y	y	［エイ / イふれク / イプスィロン　ɛi / iˑɣrɛ́k / ípsiˑlɔn］
M	m	［エム　ɛm］	Z	z	［ゼト　zɛt］

002 ▶ ij は 1 文字に相当し，大文字は IJ- と書きます。古くは y と同じ扱いでした。

IJssel［エイセル ɛ́isəl］エイセル川

▶補助記号のトレマ（¨）は，その前で区切って発音することを示します。

ie［イー］　↔ iё［イ］＋［エ］

drie［ドりー driˑ］3　↔ patiënt［パシェント paˑʃɛ́nt］患者

▶大文字書きは固有名詞の名詞・形容詞に限られ，月名・曜日名は小文字書きします。

Japan［ヤパン jaˑpɑ́n］日本　Japans［ヤパンス jaˑpɑ́ns］日本語，日本の

mei［メイ mɛi］5月　zondag［ゾンダは zɔ́ndɑx］日曜日

003

カナ発音についての注意

l	カタカナの「ラ行」で示します。
r	ひらがなの「ら行」で示します。
h/f	カタカナの「ハ行」で示します。
g/ch	ひらがなの「は行」で示します。
eu	[エー] で示します（[エー] の口の構えで唇をまるめる）。
ui	[アイ] で示します（[アイ] の口の構えで唇をまるめる）。

太字はアクセントを示します。たとえば，alfabet [**アル**ファベト] は al- [**アル**] を強く発音します。[**アル**·ファ·ベト] のように３音節で発音してください。
発音しにくい単語では，発音の切れ目を「·」で示すことがあります。

tweepersoonskamer《トヴぇーぺるソーンス・カーメる》　２人部屋，ツイン

発音記号はこの章以外では省きます。ただし，オランダ語の辞書にはカナ発音はのっていません。辞書を引くときには，この章で示す発音記号の使いかたを参考にしてください。

発音とスペリング

母音の長短の区別

つづりはとても規則的です。アクセントをもつ音節では，**母音の長短**を **a/aa, e/ee, o/oo, u/uu** という**母音字の重複**，または後ろの**子音字の重複**を組み合わせて明示します。**閉音節**（子音で終わる音節）と**開音節**（母音で終わる音節）の区別に注意しましょう。

004

① 短母音のつづり

閉音節　a [ア ɑ] /e [エ ɛ] /o [オ ɔ] /u [ユ ʏ] **＋一つの子音字**

nat [ナト nɑt] 濡れた

開音節　a [ア ɑ] /e [エ ɛ] /o [オ ɔ] /u [ユ ʏ] **＋子音字の重複**

natte [**ナ**テ nátə] 濡れた（変化形）

▶ nat [ナト nɑt] は子音 t で終わる閉音節なので，t を一つだけ書きます。一方，natte [**ナ**テ nátə] では [ナ]＋[テ] と切れて，na- [ナ nɑ] は母音 a で終わる開音節になるので，tt と重ねて a が短いことを示します。重ねて書いても一つ分しか発音しないので，[**ナッ**テ] ではありません。

005

② 長母音のつづり

閉音節　aa［アー aˑ］/ee［エー eˑ］/oo［オー oˑ］/uu［ユー yˑ］

naam［ナーム naˑm］ 名前

開音節　a［アー aˑ］/e［エー eˑ］/o［オー oˑ］/u［ユー yˑ］

na［ナー naˑ］ …の後で

namen［ナーメ(ン) náˑmə(n)］ 名前（複数形）

▶ naam［ナーム naˑm］は子音 m で終わる閉音節なので，aa と重ねて長母音であることを示します。namen［ナーメ(ン) náˑmə(n)］は［ナー naˑ］+［メ(ン) mə(n)］と切れて，na-［ナー naˑ］は母音 a で終わる開音節になるので，a の文字は重ねません。na［ナー naˑ］も同様。

複合語では成分ごとにこの方式をあてはめます。

naklank［ナークランク náˑklɑŋk］ 残響

→ na［ナー naˑ］ …の後で ＋ klank［クランク klɑŋk］ 響き

▶なお，短母音の a［ア ɑ］は口の奥寄りで［オ］に近く発音します。長母音の a/aa［アー aˑ］は日本語の［アー］とほぼ同じです。

一般に長母音はそれほど長くなく，半長くらいで（[ˑ] で示します），アクセントがないと，かなり短めに聞こえます。ですから，たとえば anatomie［aˑnaˑtoˑmíˑ］（解剖学）は［アーナートーミー］ではなくて，［アナトミー］と発音してください。ie は［イー iˑ］ですが，本書では同じ理由で，無アクセントの ie は koffie［コフィ kɔ́fiˑ］のように［イ iˑ］と表記します。長短よりも大切なのは，口の筋肉の張り・ゆるみです。長母音は口の筋肉を緊張させ，短母音はゆるめて発音すると，オランダ語らしく聞こえます。ただし，r の前では本当に長くなります（[ː] で示します）。カナ発音では区別できないので，注意してください。

naar［ナーる naːr］ 不快な　→　長　　　naam［ナーム naˑm］ 名前　→　半長

006

母音（a/aa 以外）

o［オ ɔ］　日本語の「オ」と同様。

bos［ボス bɔs］ 林　　　bossen［ボセ(ン) bɔ́sə(n)］ 林（複数形）

o（開音節）/ **oo**（閉音節）［オー oˑ］　唇をまるめて。

boze［ボーゼ bóˑzə］ 悪魔　　　boos［ボース boˑs］ 邪悪な

u [ユ ʏ]　軽く [ユ] と発音。無アクセントだと [ウ] に近く聞こえます。

bus [ビュス bʏs] バス　　bussen [ビュセ(ン) bʏ́sə(n)] バス（複数形）

Makkum [マキュム（マクム）mákʏm] マックム（都市名）

u（開音節）/ **uu**（閉音節）[ユー yˑ]　はっきり唇を突き出して [ユー] と発音。

buren [ビューれ(ン) býːrə(n)] 隣人（複数形）　　buur [ビューる býːr] 隣人

e [エ ɛ]　日本語の「エ」と同様。

spel [スペル spɛl] 演奏　　spellen [スペレ(ン) spɛ́lə(n)] つづる

e（開音節）/ **ee**（閉音節）[エー eˑ]　狭い [エー] で，口の筋肉を緊張させます。
日本語の「イー」と「エー」の中間。

spelen [スペーレ(ン) spéˑlə(n)] 演奏する　　speel [スペール speˑl]（私は）演奏する

長母音は語末で ee [エー eˑ] と重ねて，次のあいまい母音 e [エ ə] と区別します。

zee [ゼー zeˑ] 海（強く発音）⟷ ze [ゼ zə] 彼(女)ら（弱く発音）

e [エ ə]　無アクセントの弱いあいまい母音。おもに [エ]，ときに [ア] などと聞こえますが，
本書ではそのつど自然なカナ表記をします。

besparen [ベスパーれ(ン) bəspáːrə(n)] 節約する

-en [エ(ン) ə(n)]　無アクセントの弱い -en では n を発音しない傾向があります。複合語や
派生語の内部でも同様。

negen [ネーへ(ン) néˑɣə(n)] 9　　negentien [ネーへ(ン)ティーン néˑɣə(n)tiˑn] 19

negentig [ネーへ(ン)タは néˑɣə(n)təx] 90

i /（**y**）[イ ɪ]　日本語の「イ」よりも口の緊張をゆるめて発音。y は一部の外来語。

wil [ヴィル ʋɪl] 意志　　willen [ヴィレ(ン) ʋɪ́lə(n)] …したい

ie /（**i**）/（**y**）[イー iˑ]　日本語の「イー」と同様。i/y は一部の外来語。

wiel [ヴィール ʋiˑl] 車輪　　wielen [ヴィーレ(ン) ʋíˑlə(n)] 車輪（複数形）

titel [ティーテル tíˑtəl] タイトル　　type [ティーペ tíˑpə] タイプ

aai/ooi [アーイ aˑi]/[オーイ oˑi]　-i は音節末で母音 [イ i]，音節の初めで子音 j [ィ j] の発音。

draai [ドらーイ draˑi] 回転　　draaien [ドらーイェ(ン) dráˑjə(n)] 回転する

dooi [ドーイ doˑi] 雪解け　　dooien [ドーイェ(ン) dóˑjə(n)]（雪が）解ける

音節：[ドらー draˑ] ＋ [イェ(ン) jə(n)]，[ドー doˑ] ＋ [イェ(ン) jə(n)]

-ig [アは əx]　接尾辞。i は弱い［ア］と聞こえます。

enig [エーナは éˑnəx] 唯一の　　tachtig [タはタは tɑ́xtəx] 80

ij/ei [エイ ɛi]　ij/ei の区別は語源によるもので，微妙です。

ijs [エイス ɛis] 氷　　eis [エイス ɛis] 要求

-(e)lijk [(エ)レク (ə)lək]　接尾辞。ij は弱い [エ ə]。

ijselijk [エイセレク ɛ́isələk] 恐ろしい　　lelijk [レーレク léˑlək] 醜い

oe [ウー uˑ]　唇をまるめて突き出して。u/uu との区別に注意。r の前以外ではかなり短めに聞こえます。

boek [ブーク buˑk] 本　　boer [ブーる buːr] 農夫

eu [エー øˑ]　［エー eˑ］の構えで唇をまるめて。r の前以外ではかなり短めに聞こえます。

deun [デーン døˑn] 曲，歌　　deur [デーる døːr] ドア

ou/au [アウ ɔu]　［アウ］と聞こえます。au は少数の語。

hout [ハウト hɔut] 木材　　saus [サウス sɔus] ソース

ui [アイ œy]　［アイ］の構えで唇をまるめます。むずかしい発音。

huis [ハイス hœys] 家　　bui [バイ bœy] にわか雨

007 子音

b [ブ b]（母音または l/r の前）/ [プ p]（それ以外）

bal [バル bɑl] 球　　bloem [ブルーム bluˑm] 花　　krab [クらプ krɑp] カニ

c [ク k]（a/o/u または子音の前）/c [ス s]（e/i/ij/y の前）　おもに外来語で k/s の代用。

concert [コンセるト kɔnsɛ́rt] コンサート　　circus [スィるキュス sírkʏs] サーカス

ch [は x]　無声音。稀に外来語などで ch [シ ʃ] / [ク k]

lachen [ラへ(ン) lɑ́xə(n)] 笑う　　dicht [ディふト dɪxt] 濃い

chemie [へミー xeˑmíˑ] 化学　　christen [クりステ(ン) krístə(n)] キリスト教徒

China [シーナ ʃíˑnaˑ] 中国

d [ド d]（母音または r/w の前）/ [ト t]（それ以外）

daad [ダート daˑt] 行為　drie [ドリー driˑ] 3　dwaas [ドうぁース dʋaˑs] 愚かな

f [フ f]　無声音。本来のオランダ語の単語は v で始まります。

feit [フェイト fɛit] 事実　dof [ドフ dɔf] 鈍い

g [は ɣ] / [は x]　のどのタンを切るように強く摩擦します。前後の音に合わせて［はひふへほ］とひらがなで表記します。［ガギグゲゴ］ではありません。厳密には，母音の前では有声の [は ɣ]，それ以外は ch [は x] と同じ無声の [は x] ですが，無理ならいつでも無声の [は x] でかまいません。

goed [ふート ɣuˑt] 良い　geel [ヘール ɣeˑl] 黄色　gids [ひツ ɣɪts] ガイド
dag [ダは dɑx] 日　oog [オーほ oˑx] 目　wieg [うぃーふ ʋiˑx] ゆりかご

g [ジ ʒ]　外来語で稀に。

garage [はらージェ ɣaˑráˑʒə] ガレージ　genie [ジェニー ʒəníˑ] 天才

h [ハ h] ため息をつくときのように，のどの奥から出す弱い音。

haag [ハーは haˑx] 垣根　heel [ヘール heˑl] 全体の

j [イ j]　英語の *yes* の y のように強く摩擦します。稀に外来語で j [ジ ʒ] / [ヂ dʒ]。

jaar [ヤーる jaːr] 年　jij [イェイ jɛi] 君
jury [ジューり ʒýːriˑ] 審判団　job [ヂョプ dʒɔp] 仕事

k [ク k]　あまり強く息を出さず，やさしく。c [ク k] との区別に注意。

kijken [ケイケ(ン) kɛ́ikə(n)] 見る　klok [クロク klɔk] 時計

l [ル l]　音節末では舌の後ろをグッと持ち上げます。「l＋子音（t/s 以外）」では中間に [エ ə] が入ることがあります。

lepel [レーペル léˑpəl] スプーン　melk [メルク mɛlk]（または [メレク mɛ́lək]）牛乳

m [ム m]　moment [モメント moˑmɛ́nt] 瞬間

n [ン n]　日本語と同じく，後ろの子音の影響で **ng** [ング ŋ] / **nk** [ンク ŋk]，**nj** [ニ ɲ]，**np** [ムプ mp]，**nb** [ムブ mb]のように変化します。

punt [ピュント pʏnt] 点　lang [ラング lɑŋ] 長い
klank [クランク klɑŋk] 響き　anjer [アニェる ɑ́ɲər] カーネーション
aanpak [アームパク áˑmpɑk] 取り組み　aanblik [アームブリク áˑmblɪk] 眺め

p [プ p]　あまり強く息を出さず，やさしく。

pijp [ペイプ pεip] パイプ　　prompt [プろンプト prɔmpt] すばやい

kw/(qu) [クヴ kʋ]　qu はごく少数の外来語。ふつうは kw とします。

kwaliteit [クヴぁリテイト kʋaˑliˑtέit] 品質　　kwaal [クヴぁール kʋaˑl] 害悪

r [る r]　舌先を震わせ，無アクセントの -er も[エる ər]と発音し，「アー」と母音化しないのが正式です（実際には母音化する発音も聞かれます）。

roker [ろーケる róˑkər] 喫煙者　　ver [ヴェる vεr] 遠い

s [ス s] /([ズ z])　ふつうは[ス s]ですが，一部の外来語では語中で[ズ z]と発音します。本来のオランダ語の単語は z で始まります。c [ス s] との区別に注意。

soms [ソムス sɔms] ときどき　　museum [ミュゼー(ィ)ユム myˑzéˑ(j)ʏm] 博物館

sch [スふ sx]　s + ch の連続です。「スク」「シュ」ではありません。

schip [スひプ sxɪp] 船　　schrijven [スふれイヴェ(ン) sxrέivə(n)] 書く

-isch [イス iˑs]　接尾辞（変化形 -ische [イセ iˑsə]）。

logisch [ローひス lóˑɣiˑs] 論理的な　　logische [ローひセ lóˑɣiˑsə] 論理的な（変化形）

sj [シ ʃ] / **tj** [チ c]

meisje [メイシェ mέiʃə] 女の子　　toetje [トゥーチェ túˑcə] デザート

t/(th) [ト t]　あまり強く息を出さず，やさしく。th は外来語など。

tijd [テイト tεit] 時間　　thee [テー teˑ] お茶　　thuis [タイス tœys] 自宅で

-tie [ツィ/スィ/ティ tsiˑ /siˑ / tiˑ]　母音の後は[ツィ tsiˑ]または[スィ siˑ]。
n の後は[ツィ tsiˑ]よりも [スィ siˑ] がふつう。
[ティ tiˑ] は s の後，[スィ siˑ] はその他。

natie [ナーツィ(ナースィ) náˑ(t)siˑ] 国家　　kwestie [クヴェスティ kʋέstiˑ] 問題

vakantie [ヴァカンスィ(ヴァカンツィ) vaˑkán(t)siˑ] 休暇　　actie [アクスィ áksiˑ] 活動

v [ヴ v]　軽い有声音。とくに語頭では無声の [フ f] に近い発音。

vrij [ヴれイ vrεi] 自由な（[フれイ] に近い発音）　　avond [アーヴォント áˑvɔnt] 晩

w [ゔ ʋ]　英語の *v* [ヴ v] と *w* [ウ w] の中間のような発音です。オランダの標準発音では英語の *v* [ヴ v]，ベルギー・フランドル地方では英語の *w* [ウ w] に近く聞こえます。

water [ゔぁーテる ʋá˙tər] 水　　**tw**ee [トゔぇー tʋe˙] 2

eeuw/ieuw/uw/ouw/auw　-(u)w は音節末で母音 [ウ u]，音節の初めで子音 w [ゔ ʋ] の発音。

ni**euw** [ニーウ ni˙u] 新しい　　ni**euw**e [ニーゔぇ ní˙ʋə] 新しい（変化形）

音節：[ニー ni˙] ＋ [ゔぇ ʋə]

x / ks [クス ks]　x はおもに外来語。

te**x**tiel [テクスティール tɛkstí˙l] 織物　　te**ks**t [テクスト tɛkst] テキスト

z [ズ z]　軽い有声音。とくに語頭では無声の [ス s] に近い発音。

zon [ゾン zɔn] 太陽（[ソン] に近い発音）

zwaan [ズゔぁーン zʋa˙n] 白鳥（[スゔぁーン] に近い発音）

008 発音規則 1

b [ブ b] / **d** [ド d]　母音または l / r / w の前（つまり，音節の初め）以外では，無声の [プ p] / [ト t] の発音になります。つづりは b, d のままです。

hebben [へべ(ン) hέbə(n)]　持っている

ik heb [へプ hεp]　私は持っている　　jij hebt [へプト hεpt]　君は持っている

binden [ビンデ(ン) bíndə(n)]　結ぶ　　ik bind [ビント bɪnt]　私は結ぶ

009 発音規則 2

v [ヴ v] /**z** [ズ z]　母音または l / r / w の前（つまり，音節の初め）以外では，無声の [フ f] / [ス s] の発音になります。つづりも v → f, z → s に変更します。

leven [レーヴェ(ン) léˑvə(n)]　生きる

ik leef [レーフ leˑf]　私は生きる　　jij leeft [レーフト leˑft]　君は生きる

reizen [れイゼ(ン) rέɪzə(n)]　旅行する

ik reis [れイス rεis]　私は旅行する　　jij reist [れイスト rεist]　君は旅行する

fd/sd　母音の前以外では，無声の [フト ft] / [スト st] の発音になります。
母音の前では，有声の [ヴド vd] / [ズド zd] の発音になります。

hoofd [ホーフト hoˑft]　頭　　hoofden [ホーヴデ(ン) hóˑvdə(n)]　頭（複数形）

jij hebt gereisd [へれイスト ɣərέist]　君は旅行した（現在完了形）

jij reisde [れイズデ rέizdə]　彼は旅行した（過去形）

010 発音規則 3

複合語内部の切れ目で有声と無声の子音が連続すると，有声・無声のどちらかに同化します。ただし，つづりはそのままです。

前が有声化

後ろが有声の閉鎖音 b [ブ b] /d [ド d] だと，後ろにならって前が有声になります。

p [プ p] /**t** [ト t] + b [ブ b] /d [ド d] → **p** [ブ b] /**t** [ド d] + b [ブ b] /d [ド d]

op [オプ ɔp] + druk [ドりゅク drʏk] → opdruk [オブドりゅク ɔ́bdrʏk]　重ね刷り

f [フ f] /**s** [ス s] + b [ブ b] /d [ド d] → **f** [ヴ v] /**s** [ズ z] + b [ブ b] /d [ド d]

af [アフ ɑf] + druk [ドりゅク drʏk]→ afdruk [アヴドりゅク ɑ́vdrʏk]　複写

後ろが無声化

摩擦音 v [ヴ v] /z [ズ z] は有声の度合いが弱いので，前が無声だと完全に無声になります。

p [プ p] /t [ト t] + **v** [ヴ v] /**z** [ズ z] → p [プ p] /t [ト t] + **v** [フ f] /**z** [ス s]

op [オプ ɔp] + zien [ズィーン zi·n] → o**pz**ien [**オプ**スィーン ɔ́psi·n] 見上げる

f [フ f] /s [ス s] + **v** [ヴ v] /**z** [ズ z] → f [フ f] /s [ス s] + **v** [フ f] /**z** [ス s]

af [アフ ɑf] + zien [ズィーン zi·n] → a**fz**ien [**アフ**スィーン ɑ́fsi·n] 見通す

011

発音規則 4

同じ子音を重ねて書いても，ひとつ分しか発音しません。「切手」の「っ」や「さんま」の「ん」のような音はありません。

A**nn**e [アネ ɑ́nə] アンネ（女名）　　Bru**ss**el [ブりゅセル brʏ́səl] ブリュッセル

発音規則 3 によって同一子音の連続が生まれても，ひとつ分しか発音しません。

o**pb**loei [オプ ɔp] + [ブルーイ blu·i] → [**オブ**ブルーイ ɔ́bblu·i] → [**オ**ブルーイ ɔ́blu·i] 繁栄

a**fv**oer [アフ ɑf] + [ヴーる vu:r] → [**アフ**フーる ɑ́ffu:r] → [**ア**フーる ɑ́fu:r] 排水

012

発音規則 5

母音が連続すると，それを嫌って [ィ j] (i/ie/e/ee/ui の後) /[ゔ ʋ] (a/aa/o/oo/u/uu/eu の後）の音をはさむことがあります。

Belg**ië** [ベルひ(ィ)エ bέlɣi·(j)ə] ベルギー

jan**uari** [ヤニュ(ゔ)アーり ja·ny·(ʋ)á:ri·] 1月

「長母音・二重母音（ou/au を除く）+ d + e [エ ə]」の d は脱落し，[ィ j] をはさむ傾向があります。また，「ou/au + d + e [エ ə]」の d は脱落し，[ゔ ʋ] をはさむことがあります。

G**oede**middag! [ふーデミダは ɣu·dəmídɑx] → [ふーイェミダは ɣu·jəmídɑx] こんにちは。

h**ouden** [ハウデ(ン) hɔ́udə(n)] → [ハウ(ゔ)エ(ン) hɔ́u(ʋ)ə(n)] 保つ

013

発音規則 6

冠詞·代名詞·前置詞などの弱い機能語は，前後の語に添えて全体で 1 語のように発音します。

Dank u. ありがとう。
ダンク ユー daŋk yˑ →**ダン**キュー dáŋkyˑ

Dank je. ありがとう。（親しい相手に）
ダンク イェ daŋk jə → **ダン**キェ dáŋkjə

Hoe gaat het? 元気ですか？
フー はート エト huˑ ɣaˑt ət → フー **はー**テト huˑ ɣáˑtət

Een ogenblik. ちょっと待ってください。
エン **オー**へ(ム)ブリク ən óˑɣə(m)blɪk → エ**ノー**へ(ム)ブリク ənóˑɣə(m)blɪk

このとき，他の発音規則がはたらくことがあります。

ik bind ［イク ビント ɪk bɪnt］→［イグ**ビント** ɪgbínt］ 私は結ぶ（発音規則 3）
ik zie ［イク ズィー ɪk ziˑ］ →［イク**スィー** ɪksíˑ］ 私は見る（発音規則 3）
op bed ［オプ ベト ɔp bɛt］ →［オ**ベト** ɔbɛ́t］ ベッドで（発音規則 3, 4）
is ze ［イス ゼ ɪs zə］ →［**イ**セ ísə］ 彼女は…です（発音規則 3, 4）

Ik ben het met u eens. 私はあなたに賛成です。
イク ベン エト メト ユー エーンス ɪk bɛn ət mɛt yˑ eˑns
→イグ**ベ**ネト メ**テュー** エーンス ɪgbɛ́nət mɛtýˑ eˑns

Wat zegt u? 何とおっしゃっているのですか？
ゔぁト ゼヘト ユー ʋat zɛxt yˑ → ゔぁト**セヘ**テュー ʋatsɛ́xtyˑ

単語間の変化は発音のしかたによって微妙に影響を受けるので，一定しません。本書では Dank u./Dank je. 以外の変化は割愛します。音声をよく聞いて，徐々に慣れてください。

覚えるフレーズ

014

こんにちは。／さようなら。

Dag!《ダは》

日中に限らず，朝でも夜でも一日中使えて，だれにでも交わせる出会いと別れの万能表現です。「こんにちは」などのほかに，「さようなら」の意味で**別れのあいさつにもなる**点に注意してください。「行ってきます」「行ってらっしゃい」「ごめんください」「いらっしゃいませ」「ただいま」「お帰りなさい」もこれでいいのです。dag は「一日」の意味で，「私はあなたに良い一日をお祈りします」の意味です。この構成は以下のあいさつでも同じです。なお，親しい仲間どうしでは

Hoi!《ホイ》　やあ。

もよく使います。

015

おはよう，ヤン。

Goedemorgen《ふーデ〈ふーイェ〉モるへ(ン)》, Jan!《ヤン》

Dag! だけではつまらないという人は，朝のあいさつにはこう言いましょう。morgen は「朝」，goede- は「良い」の意味です。**アクセントは後半部**にあることに注意してください。これは Goede- で始まるあいさつに共通です。Jan「ヤン」は英語の John「ジョン」，ドイツ語の Johann「ヨハン」，フランス語の Jean「ジャン」にあたる男性名です。人名が伝統的にキリスト教の洗礼名に限られるヨーロッパでは，言語ごとに共通のファーストネームが発達したのです。

goede- ［ふーデ］→［ふーイェ］の変化 ☞「発音規則 5」

016 こんにちは，マレイケ。

Goedemiddag《ふーデ〈ふーイェ〉ミダは》, Marijke《マれイケ》!

middag は「昼」です。アクセントはやはり後半部にあります。
晩のあいさつは次のとおりです。

Goedenavond《ふーデ(ン)〈ふーイェ(ン)〉アーヴォント》!　こんばんは。　goeden-（良い），avond（晩）

ともに別れるときにも使います。一般に，出会いのあいさつは別れのあいさつにもなるのです。
次は就寝時の表現です。

Goedenacht《ふーデ〈ふーイェ〉ナはト》!　おやすみなさい。　nacht 夜

Welterusten《ヴぇルテりゅステ(ン)〈ヴぇルテりゅステ(ン)〉》!

017 すみません，ちょっと。

Pardon《パるドン》, meneer《メネーる》! / Pardon《パるドン》, mevrouw《メヴらウ》!

Pardon! は相手の注意を引くときの表現です。Hallo!［ハロー］でもかまいません。meneer は男性，mevrouw は女性の知らない人に呼びかけるときの便利な表現です。meneer De Groot（デ・フロートさん），mevrouw Van den Berg（ヴァン・デン・ベルフさん）のように，姓に添える敬称にもなります。フルネームでは，Jan de Groot, Marijke van den Berg のように de/van は小文字で書きます。
男女が入り混じった多数の人々には，次のように呼びかけます。

Dames《ダーメス》 en《エン》 heren《ヘーれ(ン)》!　みなさん！

018

さようなら，デ・フロートさん。

Tot《トト》 ziens《ズィーンス》, meneer《メネーる》 De《デ》 Groot《ふろート》!

これは別れるときだけに使うあいさつで，「また会う（ziens）まで（tot）」の意味です。Tot ziens, dag! のように，同じ意味の Dag!（さようなら）を重ねて言ったりします。自然な会話では［トツィーンス，トスィーンス］のように聞こえます。親しい仲間どうしでは，次の表現もよく耳にします。

Doei!《ドゥーイ》　じゃあね！

019

ありがとう，ヴァン・デン・ベルフさん。

Dank u《ダンキュー》 wel《うぇル》, mevrouw《メヴらウ》 Van《ヴァン》 den《デン》 Berg《べるふ》!

「[私は] あなたに（u）よく（wel）感謝します（dank）」の意味。Dank u! だけでもかまいません。親しい仲間には敬称の u［ユー］（あなた）を親称の je［イェ］（弱く発音）（君）に変えて，次のように言います。

Dank je《ダンキェ》 wel《うぇル》, Marijke《マれイケ》!　ありがとう，マレイケ。

オランダ語圏の人名には，Van den Berg, De Groot のように van/den/de/der などの「おまけ」（前置詞や定冠詞）がよくつきます。楽聖ベートーヴェンの名前にも Ludwig van Beethoven のように van がつきますが，これはベートーヴェンの祖父がフランドル地方の出身だからです。

［ダンク　ユー］→［ダンキュー］，［ダンク　イェ］→［ダンキェ］の変化 ☞「発音規則 6」参照

020

お手伝いいただいて，どうもありがとうございます。

Hartelijk《ハるテレク》 bedankt《ベダンクト》 voor《ヴォーる》 uw《ユウ》 hulp《ヒュルプ》!

丁寧な感謝の表現です。「あなたの（uw）助け（hulp）に対して（voor）心から（hartelijk）感謝します（bedankt)」の意味。

Bedankt!　ありがとう！

だけでもよく使います。

次のようにも言えます。

Hartelijk dank voor uw moeite《ムーイテ》!　お世話になって恐縮です（あなたの苦労（moeite）に対して心から感謝します）。

Dat《ダト》 is《イス》 heel《ヘール》 aardig《アーるダは》 van《ヴァン》 u《ユー》.　どうもご親切に（それは（dat）あなたとしては（van u）とても（heel）親切（aardig）です（is)）。

021

どういたしまして。

Niets《ニーツ》 te《テ》 danken《ダンケ(ン)》!

「感謝するべきことでは（te danken）何もありません（niets)」の意味。
次は「どういたしまして」のいろいろな言いかたです。

Geen《ヘーン》 dank《ダンク》!　（何の（geen）感謝（dank）もいりません）

Graag《ふらーは》 gedaan《ヘダーン》!　（好んで（graag）なされました（gedaan)）

Tot《トト》 uw《ユウ》 dienst《ディーンスト》!　（あなたへの奉仕（uw dienst）に向けて（tot)）

022

はい，喜んで。

Ja《ヤー》, graag《ふらーは》!

ja は「イエス」です。強調するときには，次のように言います。

Jazeker《ヤーゼーケる》!　　はい，もちろん。

「…ではないのですか」という質問には，次のように答えます。

Jawel《ヤーヴぇル》!　　いいえ，とんでもない。

graag は「好んで」の意味です。「…がほしい，…が好きだ」は，ほしいものや好きなものに graag をつければいいのです。

Een《エン》 kopje《コピェ》 koffie《コフィ》 **graag**《ふらーは》.　　コーヒーを一杯ください。

023

いいえ，けっこうです。

Nee《ネー》, dank u《ダンキュー》!

nee は「ノー」です。自分の好みははっきり伝えましょう。

Ik《イク》 wil《ヴぃル》 niet《ニート》.　　私はいやです。

「賛成」「反対」は次のように言います。

Ik《イク》 ben《ベン》 het《エト》 met《メト》 u《ユー》 eens《エーンス》.　　私はあなたに賛成です。（私は（ik）あなたと（met u）一致しています（ben het ... eens））

Ik ben het niet《ニート》 met u eens.　　私はあなたに反対です（＝賛成ではありません。niet は否定詞，Les 4 文法）。

Akkoord《アコーるト》!　　賛成です。

024

どうぞ。──どうもありがとう。

Alstublieft!《アルステュブリーフト》 —Bedankt!《ベダンクト》

Alstublieft!（どうぞ）は相手に**物を差し出す**ときに使い,「それが（-t- ← het）あなたに（-u-）気に入る（-blieft）ならば（als-）」に由来します。
親しい仲間には -u- を -je- に変更します。

Alsjeblieft!《ア(ル)シェブリーフ(ト)》　　はいよ。

店では店員が Alstublieft! と言って品物を渡し，客が Bedankt! または Dank u wel! と感謝します。これがヨーロッパ流のエチケットなのです。

025

しばらくお待ちください。

Een ogenblik, alstublieft!《エン　オーヘ(ム)ブリク　アルステュブリーフト》

Alstublieft!（どうか…してください）は**依頼する**ときにも使います。ogenblik は「瞬間」，een は不定冠詞（Les 3 文法）です。ogenblik に -je（指小辞，Les 6）をつけると，「ほんの少し」という気持ちが出ます。

Een ogenblikje!《エン　オーヘ(ム)ブリキェ》　　ちょっと待ってね。

Ogenblik! または Ogenblikje! だけでも使えます。

次は言いよどんだときの表現です。

Even kijken.《エーヴェ(ン)　ケイケ(ン)》　　えーっと。

026

ああ，そうですか。

O《オー》, ja《ヤー》!

O! で驚き，Ja! で納得するあいづちの文句です。次は関連表現です。

Dat《ダト》 klopt《クロプト》.	そのとおりですね。
U《ユー》 hebt《ヘプト》/heeft《ヘーフト》 gelijk《ヘレイク》.	なるほど（あなたは（u）等しく（gelijk）持っています（hebt/heeft））。
Je《イェ》 hebt《ヘプト》 gelijk.	なるほど（親しい仲間に，je は「君は」）。

027

お元気ですか。—ええ。それで，あなたはどうですか。

Hoe《フー》 gaat《はート》 het《エト》 met《メト》 u《ユー》? —Goed《ふート》, dank u《ダンキュー》. En《エン》 met《メト》 u《ユー》?

直訳すると,「それは（het）あなたについて（met u）どのように（hoe）進んでいますか（gaat）」「良く（goed）［進んでいます］…」となります。het［エト］の h- は読みません。親しい仲間には u（あなた）を je［イェ］/jou［ヤウ］（君）に変更します。

Hoe gaat het met je?	元気？
Goed. Dank je. En met jou?	うん。で，君は？

次の表現も同じ意味で使います。

Hoe maakt《マークト》 u/maak《マーク》 je het?	（あなたは／君は（u/je）それを（het）どのように（hoe）作っていますか（＝していますか maakt/maak））
Hoe is het met u/met je?	（それは（het）あなた／君について（met u/je）どう（hoe）ですか（is））

028

ごめんなさい。

Neemt《ネームト》 u《ユー》 me《メ》 niet《ニート》 kwalijk《クヴぁーレク》!

「私を（me）悪く（kwalijk）取らないでください（neemt u ... niet)」という謝罪の表現です。英語式の Sorry!［ソり］もあります。親しい相手には次のように言います。

Neem《ネーム》 me《メ》 niet kwalijk! ごめんね。

次はそれに対する返事の一例です。

Geeft《ヘーフト》 niet《ニート》. かまいません。

029

残念です。

Het《エト》 spijt《スペイト》 me《メ》.

「それは（het）私にとって（me）残念です（spijt)」の意味。het［エト］の h- は読みません。次は強い同情の表現です。

Wat《うぁト》 jammer《ヤメる》! お気の毒です（何と（wat）お気の毒な（jammer))。

正式なお悔やみの文句としては，次のように言います。

Ik《イク》 condoleer《コンドレーる》 u《ユー》 van《ヴァン》 harte《ハるテ》. 心からお悔やみ申し上げます（私は（ik）あなたに（u）心から（van harte）哀悼の意を表します（condoleer))。

Gecondoleerd《ヘコンドレーるト》! ご愁傷さまです。

030

何とおっしゃっているのですか。

Wat《ゔぁト》 zegt《ゼヘト》 u《ユー》?

「あなたは（u）何を（wat）言っているのですか（zegt）」の意味。親しい相手には

Wat《ゔぁト》 zeg《ゼヘ》 je《イェ》?

次の表現もあります。

Ik begrijp《べふれイプ》 u niet.	おっしゃることがわかりません。(begrijp ← begrijpen 内容を理解する，ik（私は），u（あなたを），niet（否定詞，Les 4 文法）)
Ik versta《ヴェるスター》 u niet.	おっしゃることが聞こえません。(versta ← verstaan 発言を聞き取る）

031

お誕生日，おめでとうございます。

Gefeliciteerd《ヘフェリスィテーるト》 met《メト》 uw《ユー》 verjaardag《ヴェるヤーるダは》!

「あなたの（uw）誕生日（verjaardag）について（met）祝福されてあれ（gefeliciteerd)」の意味。親しい仲間には uw（あなたの）を je（君の）にします。「met ＋お祝い事」の部分を除くこともできます。

Gefeliciteerd!	おめでとう。

次の関連表現は，名詞だけで「〈名詞を〉お祈りします」という意味の文になっています。

Veel《ヴェール》 plezier《プレズィーる》!	楽しんでね。	veel 多くの，plezier 楽しみ
Sterkte《ステるクテ》!	がんばってね。	sterkte 力
Beterschap《ベーテる・スはプ》!	お大事に。	beterschap 回復

032

良い週末を。—こちらこそ。

Prettig《プれタは》 weekend!《ヴぃーケント》 —Hetzelfde.《エトセルヴデ》

金曜日の午後によく交わされるあいさつです。prettig は「すばらしい」の意味。weekend（週末）は英語式ですが，オランダ語的な weekeinde もあります。返礼の Hetzelfde! は「同じく」の意味。het- [エト] の h- は読みません。-tze- [トゼ→トセ]，-fde- [フデ→ヴデ] の変化は「発音規則 3, 2」参照。休暇で旅行に行く人には，次のあいさつを送ります。

Prettige《プれタへ》 vakantie!《ヴァカンスィ〈…ンツィ〉》　良い休暇を！

033

クリスマスおめでとう，良いお年を。

Prettige《プれタへ》 kerstdagen《ケるズダーへ(ン)》 en《エン》 gelukkig《へリュカは》 nieuwjaar!《ニーウヤーる》

prettige は prettig（すばらしい）の変化形，kerstdagen は「クリスマス（Kerstmis [ケるス(ト)ミス]）の日々」，gelukkig は「幸せな」，nieuwjaar は「新年」です。kerstdagen の発音が [ケるズダーへ(ン)] となるのは「発音規則 3, 4」参照。
おごそかで華やかなクリスマスとは対照的に，新年のお祝いはおおみそか（oudejaar [アウデヤーる]）のカウントダウンとともに，けたたましく爆竹を鳴らして，もうおしまい。あじけないのです。

Gelukkig《へリュカは》 nieuwjaar!《ニーウヤーる》　新年おめでとう！

034

Les 1

おっと，あれは紗矢香じゃないか。

Hé, dat is Sayaka!

H: Henk　*S*: Sayaka

H : **Hé《ヘー》, dat《ダト》 is《イス》 Sayaka《サヤカ》!　Hallo《ハロー》, Sayaka《サヤカ》!**

S : **Hoi《ホイ》!　Wat《ゔぁト》 leuk《レーク》!**

H : **Een《エン》 tijd《テイト》 geleden《ヘレーデ（ン）》, zeg《ゼヘ》.　Hoe《フー》 is《イス》 het《エト》 met《メト》 je《イェ》?**

Alles《アレス》 goed《ふート》?

S : **Ja《ヤー》, prima《プリーマ》.　En《エン》 met《メト》 jou《ヤウ》 ook《オーク》?**

H : **Uitstekend《アイトステーケント》.　En《エン》 dit《ディト》 is《イス》 Els《エルス》, mijn《メイン》 vriendin《ヴリーンディン》.**

S : **Sayaka《サヤカ》.　Leuk《レーク》 je《イェ》 te《テ》 zien《ズィーン》, Els《エルス》!**

ヘンク　:おっと，あれは紗矢香じゃないか。やあ，紗矢香。
紗矢香　:あら，まあ。
ヘンク　:しばらくだね。どう，元気？　変わりない？
紗矢香　:ええ。それで，あなたのほうも？
ヘンク　:バッチシだよ。それでさ，これがガールフレンドのエルス。
紗矢香　:紗矢香よ。よろしくね，エルス。

Hé, dat is Sayaka!	おっと，あれは紗矢香じゃないか。

hé!（おや，えっ）は驚きや相手に注意を促す間投詞。dat is は「あれは…です」の意味。

Hoi! Wat leuk!	あら，まあ。

Hoi! は Dag!（こんにちは）のくだけた表現。wat leuk は「何と（wat）すばらしい（leuk）ことか」という感嘆文（Les 6）です。

Een tijd geleden, zeg.	しばらくだね。

「しばらく（een tijd）前（geleden）」の意味。zeg は相手の注意を引く意味を表す間投詞です（Les 8 文法）。

Hoe is het met je? Alles goed?	どう，元気？　変わりない？

「覚えるフレーズ」18 ページ参照。Alles goed? は「すべて（alles）良い（goed）ですか」の意味。

Ja, prima. En met jou ook? —Uitstekend.	ええ。それで，あなたのほうも？ ーバッチシだよ。

prima も uitstekend も「すばらしい」の意味です。met jou はアクセントを置くとき，met je はアクセントを置かないときに使います。ook は「…もまた」の意味。Niet slecht. [ニート スレヘト]「悪くないけど」という返事のしかたもあります。

En dit is Els, mijn vriendin.	それでさ，これがガールフレンドのエルス。

dit is は「これは…です」の意味です。mijn は「私の」，vriendin（女友達）は vriend [ヴリーント]（友人）の女性形。アクセントの位置に注意。

Leuk je te zien, Els!	よろしくね，エルスさん。

「君に（je）会えて（te zien）すばらしい（leuk）」の意味で，「はじめまして」にあたります。

この課のポイント

035

アクセントの位置

オランダ語のアクセントは強弱によるもので，単語の最後から２番目にあると考えると便利です。あいまい母音 e［エ］はいつでも無アクセントです。最後から２番目にこれがあると，アクセントの位置はもうひとつ前に移ります。

maken［マーケ(ン)］ 作る　　wisselen［ヴぃセレ(ン)］ 交換・両替する

複合語では成分ごとにアクセントがありますが，最初の成分をもっとも強く発音します。

letterkunde［レテる・キュンデ］ 文学　　⇦ letter 文字 + kunde 学
uitsteken［アイトステーケ(ン)］ 突き出る，勝る　　⇦ uit 外へ + steken 刺す

接尾辞などがついて形容詞になると，最後から２番目にアクセントが移る語があります。

letterkund**ig**［レテる**キュン**ダは］ 文学的な（接尾辞 -ig）
uitstek**end**［アイト**ステー**ケ(ン)ト］ すばらしい（現在分詞 -end）
wisselen［ヴぃセレ(ン)］ 交換・両替する
→wissel**vallig**［ヴぃセル**ヴァ**ラは］ 変わりやすい（複合接尾辞 -vallig）
kunst［キュンスト］ 技芸
→kunst**matig**［キュンスト**マー**タは］ 人工的な（複合接尾辞 -matig）

後半部にアクセントがある複合語や地名もあります。

stadhuis［スタト**ハイス**］ 市役所（stad 都市 + huis 家）
vrijgezel［ヴれイ・ヘ**ゼル**］ 独身者（vrij 自由な + gezel 仲間）
Amsterdam［アムステる**ダム**］ アムステルダム（-dam 堤防，ダム）
Rotterdam［ろテる**ダム**］ ロッテルダム

接頭辞 **be-/er-/ge-/her-/ont-/ver-**（Les 14 文法）はいつでも無アクセントです。

beginnen［ベ**ひ**ネ(ン)］ 始まる　　**ge**loven［ヘ**ロー**ヴェ(ン)］ 思う
verstand［ヴェる**スタント**］ 理解　　**ont**slag［オント**スラは**］ 解雇

外来語にはアクセントが最後にあるものが少なくありません。

natuur［ナ**テュー**る］ 自然　　biologie［ビオロ**ひー**］ 生物学

036

語順（1） 動詞の位置

動詞（次例では is「…です」）は平叙文・疑問文ともに**文の２番目**に来ます。en（そして）のような接続詞（→並列接続詞，Les 11）は語順に影響しません。

	並列接続詞	1	2＝動詞	3	
平叙文		Dat	**is**	Sayaka.	あれは紗矢香です。
	En	dit	**is**	Els.	そして，これがエルスです。
疑問文		Hoe	**is**	het met je?	調子はどう？

女性形

vriend［ヴりーント］（友人《総称》，男性の友人・恋人）に対して「女性の友人・恋人」を明示するには，vrien**din**［ヴりーンディン］のように**女性形**にします。この語では**アクセント**を持つ**接尾辞 -in**［イン］をつけます。その他の**女性形接尾辞**は次のとおりです。

leraar《レーらーる》 教師 ⇨ lerar**es**《レーらーれス》 女性教師　接尾辞 **-es**（アクセントあり）《エス》

verkoper《ヴェるコーぺる》 店員 ⇨ verkoop**ster**《ヴェるコープステる》 女性店員　接尾辞 **-ster**《ステル》

037

数詞（1）：20 までの基数詞

0	nul《ニュル》	7	zeven《ゼーヴェ(ン)》	14	**veer**tien《ヴェーるティーン》
1	een (強調 één)《エーン》	8	acht《アはト》	15	**vijf**tien《ヴェイフティーン》
2	twee《トゔぇー》	9	negen《ネーへ(ン)》	16	**zes**tien《ゼスティーン》
3	drie《ドりー》	10	tien《ティーン》	17	**zeven**tien《ゼーヴェ(ン)ティーン》
4	vier《ヴィーる》	11	elf《エルフ》	18	**acht**tien《アはティーン》
5	vijf《ヴェイフ》	12	twaalf《トゔぁールフ》	19	**negen**tien《ネーへ(ン)ティーン》
6	zes《ゼス》	13	**der**tien《デるティーン》	20	**twin**tig《トゔぃンタは》

038

Les 2

私の名前はスフレーデルです。

Mijn naam is Schreuder.

S: meneer Schreuder　*H*: mevrouw Honda

S : **Dag《ダは》, mevrouw《メヴらウ》.　Mijn《メイン》 naam《ナーム》 is《イス》 Schreuder《スふれーデる》,**
Willem《ゔぃレム》 Schreuder《スふれーデる》.

H : **Prettig《プれタは》 met《メト》 u《ユー》 kennis《ケニス》 te《テ》 maken《マーケ（ン）》, meneer《メネーる》 Schreuder《スふれーデる》.**
Ik《イク》 heet《ヘート》 Honda《ホンダ》 Kiyomi《キヨミ》.　Honda《ホンダ》 is《イス》 mijn《メイン》 achternaam《アはテる・ナーム》.

S : **Nog《ノほ》 een《エン》 keer《ケーる》 alstublieft《アルステュブリーフト》.**
Hoe《フー》 spelt《スペルト》 u《ユー》 uw《ユウ》 naam《ナーム》?

H : **H《ハー》, O《オー》, N《エン》, D《デー》, A《アー》.**

S : **O《オー》, ja《ヤー》.　U《ユー》 spreekt《スプれークト》 heel《ヘール》 goed《ふート》**
Nederlands《ネーデる・ランツ〈…ンス〉》, mevrouw《メヴらウ》 Honda《ホンダ》.

スフレーデル氏：こんにちは，奥さん。私の名前はスフレーデル，ヴィレム・スフレーデルです。
本田夫人　　　：はじめまして，スフレーデルさん。本田清美と申します。本田が姓です。
スフレーデル氏：もう一度お願いします。お名前はどうつづりますか。
本田夫人　　　：H，O，N，D，Aです。
スフレーデル氏：ああ，そうですか。オランダ語がとてもおじょうずですね，本田さん。

Mijn naam is Willem Schreuder.
Ik heet Honda Kiyomi.

私の名前はヴィレム・スフレーデルです。
私は本田清美と申します。

Mijn naam is ... で「私の名前は…です」, Ik heet ... は「私は（ik）…という名前です（heet）」, mijn（私の）は所有代名詞です（文法参照）。日本人の名前は Honda Kiyomi の順番でかまいません。「Honda が姓です」と補足すればいいのです。

Prettig met u kennis te maken.

はじめまして。

Les 1 の Leuk je te zien. よりも改まった感じの表現です。直訳すると,「あなたと（met u）知り合いになって（kennis te maken）すばらしい（prettig）」となります。

Honda is mijn achternaam.

本田が私の姓です。

achternaam は「姓」で,「名」は voornaam［ヴォーるナーム］です。

achter（後）⟷ voor（前）

Nog een keer alstublieft.

もう一度お願いします。

聞き返すときに便利な表現です。een keer は「一度」, nog een keer は「もう一度」です。alstublieft（どうか）については「覚えるフレーズ」17 ページ参照。

Hoe spelt u uw naam?

あなたのお名前はどうつづりますか。

hoe は「どのように」, spelt u は「あなたは（u）つづるのですか（spelt）」, uw naam は「あなたの（uw）名前を（naam）」の意味です。

H, O, N, D, A.

H, O, N, D, A です。

つづりは人名･地名の頭文字を使って, **H**endrik（ヘンドリク）, **O**tto（オトー）, **N**ico（ニーコ）, **D**irk（ディルク）, **A**nton（アントン）とも示します。

U spreekt heel goed Nederlands.

あなたはオランダ語がとてもおじょうずです。

u spreekt は「あなたは話す」, heel goed は「とてもじょうずに」（文法参照）, Nederlands は「オランダ語を」の意味です。

この課のポイント

人称代名詞：主格「…が・は」

人称代名詞の主格は主語「…が，は」のほかに，補語「…です」にも使います。下の表でカッコ内のつづりはやや特殊です。（3人称の両性・中性については Les 3 文法）

			単数		複数	
			基本形	弱形	基本形	弱形
1人称			ik《イク》 私が・は	(’k)《(エ)ク》	wij《うぇイ》 私たちが・は	we《うぇ》
2人称	親称		jij《イェイ》 君が・は	je《イェ》	jullie《ユリ》 君たちが・は	je《イェ》
	敬称		u《ユー》 あなたが·は		u《ユー》 あなたがたが・は	
3人称	人間	男性	hij《ヘイ》 彼が・は	(ie)《イー》	zij《ゼイ》 彼(女)らが・は	ze《ゼ》
		女性	zij《ゼイ》 彼女が・は	ze《ゼ》		
	物事	両性	hij《ヘイ》 それが・は	(ie)《イー》		ze《ゼ》 それらが・は
		中性		het/(’t)《(エ)ト》 それが·は		

039

親称 jij / jullie と敬称 u

２人称には親しい仲間どうしで使う親称の jij（君）/ jullie（君たち）と，世間一般の人に使う敬称の u（あなた，あなたがた）があります。ただし，「君（たち）」／「あなた（がた）」という日本語には正確には対応しません。子供も親にたいして jij/jullie を使い，神様にも jij で呼びかけるからです。親称の使用はかなり頻繁で，初めての店でも jij / jullie を使ってかまいません。u はとくに遠慮が必要な場面に限られます。u は単数形と複数形が同形なので，複数形は jullie でよく代用します。jij/jullie と u は上下関係ではなく，仲間関係による区別なので，相手が jij と言えば，自分も jij，相手が u を使えば，自分も u で応じます。

人名の姓には敬称，名には親称を組み合わせます（なお，次の例の je/u は目的格です。Les 7 参照）。

Hoe is het met **je, Willem**? 調子はどうなの，ヴィレム？
Hoe is het met **u, mevrouw Kuipers**? 調子はどうですか，カイペルスさん？

人称代名詞の基本形と弱形

人称代名詞には基本形と弱形があります。基本形はアクセントを持つことがありますが，弱形はあいまい母音 e［エ］を含み，いつでも無アクセントです。基本形のつづりは視覚的にフォーマルな印象を与え，公的な文章で多用します。しかし，発音としては弱形の発音が自然です。基本形で書いても，強調するのでなければ，ふつうは弱形の発音で読みます。本書は話し言葉中心なので，ダイアローグや例文にはおもに弱形を使います。ただし，動詞の変化表は基本形で示します。

040

語順（2）：定動詞と目的語の位置

疑問文では is（…である）以外の動詞でも，「疑問詞＋動詞」のように動詞が２番目に来ます。英語の *do* にあたる助動詞は使いません。動詞の位置は平叙文でも疑問文でも，かならず２番目なのです。なお，この動詞のことを「定動詞」といいますが，これについては Les 3 でくわしく学びます。

1	2＝動詞	3	
Hoe	**spelt**	u uw naam?	お名前はどうつづりますか？
Ik	**heet**	Kiyomi.	私は清美といいます。
U	**spreekt**	heel goed Nederlands.	あなたはとてもじょうずにオランダ語を話します。

hoe（どのように）と ik（私は）/u（あなたは）は同じ文頭に並んでいますね。文頭は主語でも副詞でもいいのです。また，目的語 Nederlands（オランダ語を）は heel goed（とてもじょうずに）を飛び越えて，文末に置くことがわかります。

041

Les 3

どちらのご出身ですか。

Waar komt u vandaan?

S: meneer Schreuder　*H*: mevrouw Honda

S : **Waar《ゔぁーる》 komt《コムト》 u《ユー》 vandaan《ヴァンダーン》?**

H : **Ik《イク》 kom《コム》 uit《アイト》 Japan《ヤパン》. Spreekt《スプれークト》 u《ユー》 Japans《ヤパンス》?**

S : **Nee《ネー》, helaas《ヘラース》 spreek《スプれーク》 ik《イク》 geen《ヘーン》 Japans《ヤパンス》.**

Maar《マーる》 ik《イク》 spreek《スプれーク》 wel《ゔぇル》 een《エン》 beetje《ベーチェ》 Chinees《シネース》.

Trouwens《トらウ〈ゔ〉エンス》, waar《ゔぁーる》 woont《ゔぉーント》 u《ユー》, mevrouw《メヴらウ》 Honda《ホンダ》?

H : **Ik《イク》 woon《ゔぉーン》 in《イン》 de《デ》 Tulpstraat《テュルプストらート》, vlakbij《ヴラグベイ》 het《エト》 postkantoor《ポス(ト)カントーる》.**

S : **Wat《ゔぁト》 voor《ヴォーる》 woning《ゔぉーニング》 heeft《ヘーフト》 u《ユー》?**

H : **Ik《イク》 woon《ゔぉーン》 in《イン》 een《エン》 flat《フレト》 met《メト》 mijn《メイン》 gezin《ヘズィン》.**

Ik《イク》 heb《ヘプ》 een《エン》 driekamerflat《ドりーカーメる・フレト》.

スフレーデル氏：どちらのご出身ですか。
本田夫人　　　：日本の出身です。日本語はおできになりますか。
スフレーデル氏：いえ，残念ながら日本語はできません。ただ，中国語は少しできますよ。ところで，お住まいはどちらですか，本田さん。
本田夫人　　　：テュルプ通りに住んでいます。郵便局の近くです。
スフレーデル氏：どんなお住まいですか。
本田夫人　　　：家族とマンションに住んでいます。2LDK です。

Waar komt u vandaan?	あなたはどちらのご出身ですか。

waar ... vandaan は「どこから」，komt の不定詞は komen（来る）です（文法参照）。

Ik kom uit Japan.	私は日本の出身です。

komen に前置詞 uit（…から）＋地名をつければ，出身地を答える文になります。

Spreekt u Japans?	あなたは日本語はおできになりますか（＝話しますか）。

文頭に定動詞を置くと，「はい」「いいえ」で答える決定疑問文ができます。

Nee, helaas spreek ik geen Japans.	いいえ，残念ながら日本語はできません。

否定冠詞 geen を無冠詞の名詞の前につけると，否定文ができます（文法参照）。

Maar ik spreek wel een beetje Chinees.	ただ，私は中国語は少しできますよ。

接続詞 maar（しかし）は en（そして）と同じく語順に影響しません（Les 1）。een beetje は「少し」の意味，wel は「…よ」という気持ちを表します（Les 7 文法）。

Trouwens, waar woont u?	ところで，あなたはどこにお住まいですか。

waar は「どこに」，woont の不定詞は wonen[ヴぉーネ(ン)]（住む）です。

Ik woon in de Tulpstraat, vlakbij het postkantoor.	私はテュルプ通りに住んでいます。郵便局の近くです。

de と het は定冠詞，in（…の中に・で）と vlakbij（…の近くに）は前置詞です。

Wat voor woning heeft u?	どんなお住まいですか。

wat voor ＋名詞（woning（住居））は「どんな…」という種類を問う疑問詞です（Les 5）。heeft の不定詞は hebben（持っている）です（文法参照）。

Ik woon in een flat met mijn gezin. Ik heb een driekamerflat.	私は私の家族とマンションに住んでいます。 私は 2LDK を持っています。

met（…とともに）は前置詞，gezin は「家族」，heb は hebben（持っている）の人称変化した形，een（弱く[エン]と発音）は不定冠詞です（文法参照）。

driekamerflat（3部屋のマンション）　発音注意
＝drie（3）＋kamer（部屋）＋flat [フレト]（マンションの 1 世帯分）

この課のポイント

動詞の人称変化と現在形

辞書に出ている動詞の語形は **-en** [エ(ン)]で終わります。これを**不定詞**といいます。不定詞は**語幹**と**語尾**に分かれます。次の動詞では**母音字の重複**に注意してください。

不定詞	→	語幹	+	語尾
spr**e**ken（話す） スプれーケ(ン)	→	spr**ee**k- スプれーク	+	-en エ(ン)

現在形（…する・している）は，主語の人称と数《すう》に応じて語尾を変化させてつくります。これを**人称変化**といい，人称変化した動詞を**定動詞**といいます。現在形語幹は不定詞語幹と同じです。

以下の表では，３人称単数は便宜的に hij で示します。

	単数		複数	
１人称	ik	spreek スプれーク	wij	spreke**n** スプれーケ(ン)
２人称親称	jij	spreek**t** スプれークト (spreek jij)	jullie	spreke**n**
３人称	hij	spreek**t**	zij	spreke**n**
２人称敬称	u	spreek**t**	u	spreek**t**

ik（私）では無語尾，それ以外の単数形の語尾は -t です。**定動詞＋ jij / je**（君）の語順では，-t が落ちて**無語尾**になります。**２人称敬称 u**（あなた，あなたがた）では**単複同形**で，３人称単数形と同じ語尾がつきます（これは u が「陛下，貴君」という意味の３人称単数形に由来するからです。本来，英語の *you* にあたるのは jij です）。それ以外は**複数形はすべて -en** です。

次の動詞では**子音字の重複**に注意してください。

不定詞	語幹	+	語尾
spe**ll**en（つづる） スペレ(ン)	spe**l**- スペル	+	-en エ(ン)

ik	spel スペル	wij	spelle**n**
jij	spel**t** (spel jij) スペルト	jullie	spelle**n**
hij	spel**t**	zij	spelle**n**
u	spel**t**		

名詞の性と定冠詞 de/het（英 *the*）

名詞には人間・物事という自然性とは別に，名詞ごとに明確な規則なしに機械的に決まっている文法性（以下，性）があります。これは英語を除くヨーロッパ系の言語にはつきものです。オランダ語には両性・中性という２種類の名詞の性があります。定冠詞の語形にならって，de-名詞・het-名詞ともいいます。de［デ］は弱く発音し，軽く「ドゥ」くらいが無難です。het の h はふつう読まずに弱く［エト］と発音します。名詞は定冠詞をつけて覚えましょう。

両性		中性	
人間	物事	人間	物事
de man《マン》 男 **de** vrouw《ヴらウ》 女	**de** kamer《カーメる》 部屋	**het** kind《キント》 子供	**het** huis《ハイス》 家

両性は男性と女性の融合に由来します。古い文章などでは男・女・中の文法性を区別することがあるので，辞書では一般にこの３性を示していますが，男性と女性の区別は無視してかまいません。また，冠詞と名詞（-s「…の」を除く）に格変化はありません。

接尾辞や接頭辞で名詞の性がわかることもあります。

接尾辞（-de/-te/-heid/-ie/-ij/-ing/-nis/-st/-iteit）つきの名詞	両性
接尾辞（-isme/-ment/-sel）つきの名詞	中性
接頭辞（be-/ge-/ont-/ver-）つきの名詞	中性

de regering《れへーりング》 政府　**de** hoogte《ホーほテ》 高さ　**het** optimisme《オプティミスメ》 楽天主義

het voedsel《ヴーツェル》 食べ物　**het** gezin《へズィン》 家族　**het** begin《べひン》 開始

指小形（Les 6）はすべて中性です。

het kaartje《カーるチェ》 切符　**het** meisje《メイシェ》 女の子

複合語の文法性は最後の成分に従います。

het postkantoor 郵便局 ← de post（郵便）＋ **het** kantoor［カントーる］（事務所）

042

Les 4

私は郊外に住んでいます。

Ik woon in een buitenwijk.

S: meneer Schreuder　*H*: mevrouw Honda

S : **Ik《イク》 woon《ゔぉーン》 niet《ニート》 in《イン》 het《エト》 centrum《セントりゅム》 van《ヴァン》 de《デ》 stad.《スタト》**

Ik《イク》 woon《ゔぉーン》 in《イン》 een《エン》 buitenwijk.《バイテ(ン)ゔぇイク》

H : **Woont《ゔぉーント》 u《ユー》 in《イン》 een《エン》 huis?《ハイス》**

S : **Ja.《ヤー》 Ons《オンス》 huis《ハイス》 is《イス》 redelijk《れーデレク》 groot.《ふろート》**

Er《エる》 is《イス》 een《エン》 woonkamer《ゔぉーンカーメる》 beneden《ベネーデ(ン)》 en《エン》 er《エる》 zijn《ゼイン》

vijf《ヴェイフ》 slaapkamers《スラープカーメるス》 boven.《ボーヴェ(ン)》

H : **Heeft《ヘーフト》 u《ユー》 veel《ヴェール》 kinderen?《キンデれ(ン)》**

S : **Ja.《ヤー》 We《ゔぇ》 hebben《ヘベ(ン)》 drie《ドりー》 dochters《ドほテるス》 en《エン》 een《エーン》 zoon.《ゾーン》**

Onze《オンゼ》 zoon《ゾーン》 Karel《カーれル》 studeert《ステュデーるト》 medicijnen.《メディセイネ(ン)》

We《ゔぇ》 hebben《ヘベ(ン)》 ook《オーク》 twee《トゔぇー》 katten,《カテ(ン)》 maar《マーる》 geen《ヘーン》 honden.《ホンデ(ン)》

スフレーデル氏：私は町の中心には住んでいません。郊外に住んでいます。
本田夫人　　　：一戸建てにお住まいなんですか。
スフレーデル氏：ええ。わが家はかなり大きいんです。下に居間がありまして，上に寝室が５つあります。
本田夫人　　　：お子さんはたくさんいらっしゃるんですか。
スフレーデル氏：ええ。娘が３人と息子が１人おります。息子のカーレルは大学で医学を学んでいます。猫も２匹飼っていますが，犬はいません。

Ik woon niet in het centrum van de stad. Ik woon in een buitenwijk.	私は町の中心には住んでいません。私は郊外に住んでいます。

niet は否定詞で,「町（de stad）の（van）中心（het centrum）に（in)」という部分を打ち消しています（文法参照)。

de buitenwijk（郊外）＝ buiten（外）＋ de wijk（地区）

Ons huis is redelijk groot.	わが家はかなり大きいんです。

ons huis は「私たちの家」, redelijk は「かなり」, groot は「大きい」の意味です。

Er is een woonkamer beneden en er zijn vijf slaapkamers boven.	下に居間があり，上に寝室が５つあります。

Er is ..., er zijn ... で「…がある」という存在を表します（文法参照)。「...」に来る名詞が単数だと is，複数だと zijn となります。woonkamer は「居間」, slaapkamers は slaapkamer（寝室）の複数形で，数詞 vijf（５つの）がついています。kamer は「部屋」の意味で，woon- は wonen（住む)，slaap- は slapen（眠る）の語幹にあたります。beneden（下に）と boven（上に）は副詞です。

Heeft u veel kinderen?	お子さんはたくさんいらっしゃるんですか。

kinderen は kind（子供）の複数形です。語尾 -eren に注意。veel は「多くの」。

We hebben drie dochters en een zoon. We hebben ook twee katten, maar geen honden.	私たちには娘が３人と息子が１人おります。私たちは猫も２匹飼っていますが，犬はいません。

dochters は dochter（娘）の複数形です。katten，honden はそれぞれ kat（猫)，hond（犬）の複数形です。geen は否定冠詞で，名詞の前につき，無変化です。ook は「…もまた」の意味。

Onze zoon Karel studeert medicijnen.	私たちの息子のカーレルは大学で医学を学んでいます。

onze zoon は「私たちの息子」, studeert の不定詞は studeren［ステュデーれ(ン)］で，「大学で学ぶ，大学生である」の意味です。medicijnen は「医学」の意味の複数形名詞です。

名詞の複数形

この課のポイント

大多数が -en [エ(ン)]，少数が -s [ス]の語尾をつけ，使い分けはかなり明確です。

1 語尾 -en

大多数の名詞に使います。つづりや発音の変化に注意（☞発音規則 1, 2, 5）。

kat《カト》 猫 → katten《カテ(ン)》　　boom《ボーム》 木 → bomen《ボーメ(ン)》

zee《ゼー》 海 → zeeën《ゼー(ィ)エ(ン)》　　hond《ホント》 犬 → honden《ホンデ(ン)》

druif《ドらイフ》 ブドウ → druiven《ドらイヴェ(ン)》　　huis《ハイス》 家 → huizen《ハイゼ(ン)》

f → v, s → z の変化が起こらない語もあります。

elf《エルフ》 妖精 → elfen《エルフェ(ン)》　　mens《メンス》 人間 → mensen《メンセ(ン)》

2 語尾 -s

あいまい母音 e [エ] の連続を避けるときや外来語で使います。

① 無アクセントの -e/-el/-em/-en/-er(d)/-ster で終わる語

tante《タンテ》 おば → tantes《タンテス》　　kamer《カーメる》 部屋 → kamers《カーメるス》

② 指小形 -tje/-je (Les 6)

kaartje《カーるチェ》 切符 → kaartjes《カーるチェス》　　meisje《メイシェ》 女の子 → meisjes《メイシェス》

③ 例外

broer《ブるーる》 兄弟 → broers《ブるーるス》　　zoon《ゾーン》 息子 → zoons《ゾーンス》

④ 最近の外来語

flat《フレト》 (マンションの)フラット → flats《フレツ》　　film《フィルム》 映画 → films《フィルムス》

-a/-i/-u/-o/-y で終わる語では -'s とします。

paraplu《パらプリュー》 傘 → paraplu's《パらプリュース》　　auto《オート〈アウト〉》 車 → auto's《オートス〈アウトス〉》

3 語尾 -en/-s

語尾の区別があいまいな語（一般に -en のほうが古風），意味が異なる語，複数形で定着している語があります。

ziekte《ズィークテ》 病気 → ziektes《ズィークテス》/ziekten《ズィークテ(ン)》 (← ziekte-en)

letter《レテる》 文字 → letters《レテるス》 文字 /letteren《レテれ(ン)》 文学　　medicijn《メディセイン》 薬 → medicijnen《メディセイネ(ン)》 医学

4 不規則な複数形語尾，語幹母音の変化

kind《キント》 子供 → kind**eren**《キンデれ(ン)》　　museu**m**《ミュゼー(ィ)ユム》 博物館, 美術館 → muse**a**《ミュゼー(ィ)ア》 (-um → -a)

musi**cus**《ムューズィキュス》 音楽家 → musi**ci**《ムューズィスィ》 (-cus → -ci)

moeilijk**heid**《ムーイレク・ヘイト》 困難 → moeilijk**heden**《ムーイレク・ヘーデ(ン)》 (接尾辞 -heid → -heden)

sch**i**p《スひプ》 船 → sch**epen**《スヘーペ(ン)》　　st**a**d《スタト》 都市 → st**eden**《ステーデ(ン)》

d**a**g《ダは》 日 → d**agen**《ダーへ(ン)》　　sp**e**l《スペル》 遊び，演技 → sp**elen**《スペーレ(ン)》

043 onze [オンゼ] と ons [オンス] 「私たちの」

所有代名詞（Les 2 文法）の中で「私たちの」だけは，**onze + 両性名詞単数形**，**ons + 中性名詞単数形**のように形が変わります。

Ons huis is klein《クレイン》.　私たちの家は小さいんです。　het huis 家

Onze dochter studeert《ステュデーるト》 rechten《れへテ(ン)》.　私たちの娘は法律を勉強しています。　de dochter 娘

複数形では onze huizen（私たちの家），onze dochters（私たちの娘たち）となって，ともに **onze** を使います。つまり，**中性単数だけが特別な形**なのです。

名詞の複数形と冠詞の語形

不定冠詞の複数形はなく，**否定冠詞 geen は無変化**です。定冠詞は中性単数形だけが het [エト]で，ほかはすべて de です。**中性単数は仲間はずれのことが多い**のです。

	単数	複数
両性	een/geen/de　kamer（部屋）	なし /geen/de　kamers
中性	een/geen/**het** huis（家）	なし /geen/de　huizen

044

Les 5

何時ですか。

Hoe laat is het?

S: Sayaka　*L*: Lokettist（窓口係）

S : **Hoe《フー》 laat《ラート》 vertrekt《ヴェるトれクト》 de《デ》 volgende《ヴォルヘンデ》 trein《トれイン》 naar《ナーる》 Nijmegen?《ネイメーへ(ン)》**

L : **Er《エる》 gaat《はート》 een《エン》 sneltrein《スネルトれイン》 over《オーヴェる》 tien《ティーン》 minuten《ミニューテ(ン)》 van《ヴァン》 spoor《スポーる》 2B.《トうぇー ベー》**

S : **Hoe《フー》 laat《ラート》 is《イス》 het《エト》 nu?《ニュー》 En《エン》 wanneer《うぁネーる》 ben《ベン》 ik《イク》 dan《ダン》 in《イン》 Nijmegen?《ネイメーへ(ン)》**

L : **Het《エト》 is《イス》 kwart《クうぁるト》 over《オーヴェる》 elf.《エルフ》 U《ユー》 bent《ベント》 daar《ダーる》 om《オム》 half《ハルフ》 één《エーン》 ’s middags.《スミダはス》**

S : **Hoeveel《フーヴェール》 kost《コスト》 een《エン》 kaartje《カーるチェ》 daarheen?《ダーるヘーン》**

L : **Een《エン》 ogenblikje.《オーへ(ム)ブリキェ》 ... Dat《ダト》 kost《コスト》 €16,20 (zestien《ゼステイーン》 euro《エーろ》 twintig).《トうぃンタは》**

S : **Bedankt.《ベダンクト》 Dan《ダン》 een《エン》 retourtje《れトゥーるチェ》 Nijmegen《ネイメーへ(ン)》 graag.《ふらーは》**

紗矢香：次のネイメーヘン行きの列車は何時に出ますか。
窓口係：10 分後に急行が 2 番線 B から出ます。
紗矢香：今，何時ですか。それから，いつネイメーヘンに着きますか。
窓口係：11 時 15 分です。昼の 12 時半にそこに着きます。
紗矢香：そこまでの切符はいくらですか。
窓口係：ちょっとお待ちください　…16 ユーロ 20 セントです。
紗矢香：どうも。それではネイメーヘンまでの往復切符をください。

Hoe laat vertrekt de volgende trein naar Nijmegen?	次のネイメーヘン行きの列車は何時に出ますか。

hoet laat? は「何時に」，次の Hoe laat is het nu? は「今何時ですか？」の意味です（非人称代名詞 het，Les 6）。vertrekt の不定詞は vertrekken（出発する），volgende は「次の」，trein は「列車」，naar（…へ）は前置詞です。

Er gaat een sneltrein over tien minuten.	10 分後に急行が出ます。

文頭の er は「虚辞の er」（Les 4 文法）で訳せません。sneltrein は「急行」，over ... は「…過ぎ・後」，tien は「10」，minuten は minuut（分）の複数形です。

Wanneer ben ik dan in Nijmegen?	それでは私はいつネイメーヘンに着きますか。

wanneer は「いつ」，dan は「それでは」，ben ik in ...（私は…にいる）で「…に到着している」の意味です。

Het is kwart over elf. **U bent daar om half één 's middags.**	11 時 15 分です。 あなたは昼の 12 時半にそこに着きます。

「Het is ＋ 数字」で「…時です」の意味になります。kwart（4分の1），half（半分），前置詞 om（…時に），'s middags（昼に）を使った kwart over elf（11 時 15 分），half één（12 時半）などの時刻の表現については文法参照。

Hoeveel kost een kaartje daarheen?	そこまでの切符はいくらですか。

hoeveel kost ...? は「…はいくらですか？」，daarheen は「そこまで」の意味です。

Dat kost €16,20 (zestien euro twintig).	それは 16 ユーロ 20 セントです。

zestien euro は「16 ユーロ」，twintig は「20」で，cent（セント）はふつう省きます。小数点はコンマ（ , ）で表すので注意しましょう（文法参照）。

Dan een retourtje Nijmegen graag.	それではネイメーヘンまでの往復切符をください。

dan は「それでは」，... graag は「…を好んで」の意味ですが，「…がほしい」の表現になります（覚えるフレーズ 16 ページ）。retourtje（往復切符）の ou は例外的に［ウー］と発音。

045

この課のポイント

疑問詞と疑問文

疑問詞には次のような種類があります。

wie《ゔぃー》 だれ　van《ヴァン》 wie《ゔぃー》 だれのもの

wie《ゔぃー》 z′n《ゼン》《一般・男性》だれの　wie《ゔぃー》 d′r《デる》《女性》だれの

wat《ゔぁト》 何　wat voor《ヴォーる》 (een) どんな

welk《ゔぇルク》《中性単数》/welke《ゔぇルケ》《それ以外》どの

waar《ゔぁーる》 どこで　wanneer《ゔぁネーる》 いつ　waarom《ゔぁーろム》 なぜ

hoe《フー》 どのように　hoeveel《フーヴェール》 どのくらい多く

疑問詞疑問文は，たずねたい要素を疑問詞にして文頭へ移します。ja（はい）/nee（いいえ）で答える決定疑問文は疑問詞がなく，文頭の位置は空のままです。

1 疑問詞	2 定動詞	3　その他 主語　副詞成分　目的語・補語	
Waar	woont	u?	あなたはどこに住んでいますか？
Wie	is	het meisje?	その女の子はだれですか？
	Spreekt	u Japans?	あなたは日本語を話しますか？

その他の疑問文の用例を紹介しましょう。

Wat zoek je?　君は何を探しているの？

Welke bus《ビュス》 rijdt《れイト》 naar het station《スタチョン〈スタション〉》?　どのバスが駅に行きますか？　de bus バス

Welk huis is te koop?　どの家が売りに出ていますか？　het huis 家

(Aan) wie geef je het boek?　君はだれにその本をあげるの？

Van wie is de tas?　そのカバンはだれのですか？

Wie z′n tas is dat?　あれはだれのカバンですか？

wat voor (een) + 名詞は「どんな…」という意味の疑問詞です。補語 (…です) や目的語 (…を) のときには，wat だけを文頭に出して，wat...voor (een) + 名詞と分離してもかまいません。

Wat voor (een) gebouw《ヘバウ》 is het?　それはどんな建物ですか？

= **Wat** is het **voor (een) gebouw**?

waar ... naartoe ［ナーるトゥー］ どこへ　　前置詞 naar ＋名詞句　…へ
waar ... vandaan ［ヴァンダーン］ どこから　　前置詞 uit/van ＋名詞句　…から

Waar ga je **naartoe**? –Ik ga **naar huis**.　どこへ行くの？　家に帰るのよ。

Waar kom je **vandaan**? –Ik kom **uit België**.
君はどこの出身なの？　ベルギーの出身だよ。

046

語順（3）：主文（＝主節）の語順

平叙文も疑問文と語順は同じです。文頭には主語のほかに副詞成分や目的語も置くことができ，定動詞はいつも２番目に来ます。

1　話題	2　定動詞	3　主語・副詞成分・目的語	
Mijn vrouw	**spreekt**	_ vloeiend《ヴルーイェント》 Nederlands.	私の妻は（どうかと言うと），流暢にオランダ語を話します。
Vloeiend	**spreekt**	mijn vrouw _ Nederlands.	流暢に（どうかと言うと），私の妻はオランダ語を話します。
Nederlands	**spreekt**	mijn vrouw vloeiend _.	オランダ語は（どうかと言うと），私の妻は流暢に話します。

主文では定動詞を２番目に置き，何かひとつ要素を文中から文頭に出すのです。その要素は主語に限らず，会話での話題です。疑問文では疑問詞がこれにあたります。

文をつくるときには，まず，相手も知っている話題や話題にしたい要素を文頭に置きます。次に，定動詞で文を区切ります。その後で，これから伝えようとする未知の大切な要素を並べていきます。つまり，「旧情報－定動詞－新情報」という情報伝達に便利な語順になっているのです。「何々はどうかといえば，これこれなんだよ」という感じです。

主語の本来の位置は定動詞の直後なのです。文頭ではありません。定動詞の後ろは「主語 (…が・は)—副詞成分—目的語 (…を)」の語順が基本です。ただし，情報量の多い要素を後ろに置く傾向に従って，語順は変わることがあります (Les 13 文法参照)。

047

Les
6

なんていいお天気なんだろうねえ。

Wat een weertje, hè!

B: Buurvrouw *D.W*: meneer De Wit

B : **Wat《ゔぁト》 een《エン》 weertje《ゔぇーるチェ》, hè《へ》!**

Lekker《レケる》 zonnetje《ゾネチェ》 en《エン》 weinig《ゔぇイナは》 wind《ゔぃント》.

D.W : **Ja《ヤー》, heerlijk《へーるレク》. Het《エト》 is《イス》 eenentwintig《エーン·エン·トゔぃンタは》 graden《ふらーデ（ン）》.**

Niet《ニート》 te《テ》 warm《ゔぁるム》.

B : **Je《イェ》 dochter《ドほテる》 is《イス》 morgen《モるへ（ン）》 jarig《ヤーらは》, hè《へ》?**

D.W : **Nee《ネー》, ze《ゼ》 is《イス》 dertig《デるタは》 juni《ユーニ》 jarig《ヤーらは》.**

Vandaag《ヴァンダーは》 is《イス》 het《エト》 de《デ》 drieëntwintigste《ドりー・エン・トゔぃンタはステ》.

B : **Hoe《フー》 oud《アウト》 wordt《ゔぉるト》 ze《ゼ》 dan《ダン》?**

D.W : **Ze《ゼ》 wordt《ゔぉるト》 tweeëntwintig《トゔぇー・エン・トゔぃンタは》.**

De《デ》 tijd《テイト》 vliegt《ヴリーふト》 snel《スネル》.

近所のおばさん：なんていいお天気なんだろうねえ。お日さまは照ってるし，風はほとんどないし。
デ・ヴィト氏　：ええ，すばらしいですな。気温は 21 度。暑すぎもせず。
近所のおばさん：おたくの娘さんは明日，誕生日じゃなかったかね。
デ・ヴィト氏　：いえ，6 月 30 日が誕生日です。今日は 23 日ですよ。
近所のおばさん：娘さんはいくつになるんかねえ。
デ・ヴィト氏　：22 歳になります。光陰矢の如しですな。

Wat een weertje, hè!	なんていいお天気なんだろうねえ。

wat een + 名詞による感嘆文で，weertje は weer（天気）の指小形です。hè!［へ］（ねえ）は同意を求める間投詞。hé!［へー］（おや，えっ）との区別に注意（Les 1 ダイアローグ）。

Lekker zonnetje en weinig wind.	お日さまは照ってるし，風はほとんどないし。

weertje，zonnetje（zon 太陽）は指小形で，「お天気」，「お日さま」という親しみをこめた言いかたです。lekker（おいしい）は「すばらしい」の意味で多用します。

Het is eenentwintig graden. Niet te warm.	21 度です。 暑すぎもしません。

非人称代名詞 het が主語になっています。graden は graad（…度）の複数形。te（あまりに）を warm（暑い，暖かい）につけると，「暑すぎる」の意味になります。

Je dochter is morgen jarig, hè?	おたくの娘さんは明日，誕生日ではないですか。

jarig zijn で「誕生日です」の意味，je は jouw（君の）の弱形です。

Nee, ze is dertig juni jarig.	いえ，彼女は 6 月 30 日が誕生日です。

前置詞 op を使って op dertig juni も可。X 月 Y 日の Y 日は基数です（文法参照）。

Vandaag is het de drieëntwintigste.	今日は 23 日です。

X 日だけのときは序数（文法参照）で表し，de drieëntwintigste dag（23 番目の日）の dag（日）を省略します。次の例も de hoeveelste（何番目に多くの）の後の dag（日）の省略です。

De hoeveelste is het vandaag? 今日は何日ですか？

Hoe oud wordt ze dan? **– Ze wordt tweeëntwintig.**	彼女は(＝娘さんは)それではいくつになりますか。 22 歳になります。

hoe oud?（何歳？）で年齢をたずねます。「…歳」は ... jaar oud をつけると正式な表現になります。wordt の不定詞は worden（…になる）です。

de buurvrouw《ビューるヴらウ》（近所の奥さん）＝ de buur（隣人）＋ de vrouw（女性）

048

指小形：名詞＋指小辞

この課のポイント

指小形は「小さなもの，かわいいもの」を表し，すべて中性名詞（**het-名詞**）です。

指小辞の語形は，まず，母音の後では **-tje**［チェ］となります。

ei《エイ》（卵） → ei**tje**《エイチェ》（小さな卵，かわいい卵）

auto《アウト〈オート〉》（車） → autoo**tje**《アウトチェ〈オートチェ〉》（小さな車，かわいい車）

子音の後では **t** が落ちて **-je**［イェ］です（以下，訳語省略）。

kop《コプ》（カップ） → ko**pje**《コピェ》

ただし，**l / r / n / m / ng / w** のように「母音っぽい」子音だと，母音の後と同様に **-tje** です。

tafel《ターフェル》（テーブル） → tafel**tje**《ターフェルチェ》

schoen《スふーン》（靴） → schoen**tje**《スふーンチェ》

また，短母音を含む１音節語では **-etje**［エチェ］となり，発音の都合で -m-tje → **-mpje**，-ing-tje → **-inkje**（２音節以上の語）と変化します。

bon《ボン》（レシート） → bonn**etje**《ボネチェ》

raam《らーム》（窓） → raam**pje**《らームピェ》

ring《りング》（指輪） → ring**etje**《りンゲチェ》

woning《ゔぉーニング》（住居） → wonin**kje**《ゔぉーニンキェ》

複数形で語幹母音が変わる名詞（Les 4）は，指小形でも変わることがあります。

blad《ブラト》（葉） → bl**aadje**《ブラーチェ》　bladen《ブラーデ(ン)》《複数》

schip《スひプ》（船） → sch**eepje**《スヘーピェ》　schepen《スヘーペ(ン)》《複数》

指小形は愛着・容認・軽視・冗談などのニュアンスを加えます。

Wat een weer**tje**, hè! Lekker zonn**etje**.
なんていい天気なんだろう。お日さまは照ってるし。

これは「小さな天気（weer)」「小さな太陽（zon)」ではなく，「お天気」「お日さま」という親しみをこめた表現なのです。
「木材，ビール」などの数えられない物質名詞は，指小形にすると「ひとつ分／一人分の…」という個別的な意味の可算名詞になり，複数形にもできます。

hout《ハウト》（木材）→ hout**je**《ハウチェ》（木片１切れ）　krijt《クれイト》（チョーク）→ krijt**je**《クれイチェ》（チョーク１本）

Een pils**je**《ピルシェ》/ Drie pils**jes**《ピルシェス》, alstublieft!　ビールを１杯／３杯ください。

pils 淡色のビール，ピルスナー

独自の意味を表したり，それ自体で固定した指小形もあります。

brood《ブろート》（パン）→ brood**je**《ブろーチェ》（サンドイッチ）　kaart《カーるト》（カード）→ kaart**je**《カーるチェ》（切符）

meis**je**《メイシェ》（女の子）　sprook**je**《スプろーキェ》（おとぎ話）　toet**je**《トゥーチェ》（デザート）

049 非人称代名詞 het［エト］と非人称表現

ダイアローグに出てきた日付，気温，それに時刻（Les 5 文法）のほかに，天気，状況，慣用句などがあります。

Het regent《れーヘント》.　雨が降っている。　regenen 雨が降る

Ik heb **het** koud《カウト》 / warm《ゔぁるム》.　私は寒い／暑い。

Ik heb **het** druk《ドりゅク》.　私は忙しい。

050 感嘆文：wat (...) 形容詞 / wat (...) een ＋名詞

wat (...) 形容詞の感嘆文はすでに学びました。

Wat leuk!　なんとすばらしいことか。（Les 1 ダイアローグ）

Wat jammer!　なんとお気の毒なことか。（覚えるフレーズ 19 ページ）

wat een＋名詞による感嘆文では，不可算名詞や複数名詞にも不定冠詞 een がつきます。語順は疑問文と同じです。

Wat een weertje!　なんという天気なんだ。　weer 天気《不可算名詞》

Wat een dure boeken heb je daar!　なんて高価な本を君は持ってるんだ。

（boeken：複数形）

wat は形容詞や een＋名詞から分離することがあります（Les 5）。

Wat mooi is dat! = **Wat** is dat **mooi**!　それはなんと美しいことか！

mooi 美しい

051

Les 7

いらっしゃい，奥さん。

Zegt u het maar, mevrouw!

G: Groenteboer　*H*: mevrouw Honda

G : **Zegt《ゼヘト》 u《ユー》 het《エト》 maar《マーる》, mevrouw《メヴらウ》!**

We《うぇ》 hebben《へべ(ン)》 vandaag《ヴァンダーは》 perziken《ぺるズィケ(ン)》 en《エン》 druiven《ドらイヴェ(ン)》 in《イン》 de《デ》 aanbieding《アームビーディング》.

H : **Nou《ナウ》, doet《ドゥート》 u《ユー》 me《メ》 dan《ダン》 maar《マーる》 twee《トうぇー》 kilo《キーロ》 van《ヴァン》 die《ディー》 druiven《ドらイヴェ(ン)》.**

G : **Anders《アンデるス》 nog《ノほ》 iets《イーツ》?**

H : **Ja《ヤー》, geeft《ヘーフト》 u《ユー》 me《メ》 maar《マーる》 een《エン》 bos《ボス》 wortels《うぉるテルス》.**

G : **Prima《プリーマ》.　Dat《ダト》 is《イス》 dan《ダン》 €4,40 (vier《ヴィーる》 euro《エーろ》 veertig《フェーるタは》) bij《ベイ》 elkaar《エルカーる》.　Alstublieft《アルステュブリーフト》!**

H : **Bedankt《ベダンクト》.　Prettig《プれタは》 weekend《うぃーケント》!　Dag《ダは》!**

八百屋さん：いらっしゃい，奥さん。今日は桃とブドウがお買い得だよ。
本田夫人　：そうね，じゃあ，そのブドウを2キロくださいな。
八百屋さん：ほかには何か。
本田夫人　：ええ，ニンジンを一束くださいな。
八百屋さん：はいよ，それじゃ，全部で4ユーロ40セントね。どうぞ。
本田夫人　：どうも。それでは，良い週末を。

Zegt u het maar mevrouw!	いらっしゃい。

zegt u は zeggen（言う）の敬称 u に対する命令形で，直訳すれば「それを（het）言ってください（zegt u）よ（maar)」となります。maar（…よ）は話法の副詞（文法参照）で，命令の口調をやわらげています。以下の maar も同様。

Nou, doet u me dan maar twee kilo van die druiven.	そうね，じゃあ，そのブドウを 2 キロくださいな。

doen（する）には「与える」の意味もあり，doet u で命令形「…をください」となります。me は「私に」，dan は「それでは」，twee kilo van die druiven は「そのブドウ（die druiven）の（van）2 キロ」の意味。die（あの，その）は指示代名詞です（文法参照）。

Anders nog iets?	ほかに何かいりますか？

お店でよく聞く慣用表現で，「ほかに（anders）まだ（nog）何か（iets）？」の意味です。

Geeft u me maar een bos wortels.	ニンジンを一束くださいな。

geeft u は geven（与える）の命令形，me は「私に」，een bos（一束）は助数詞（文法参照），wortels は wortel（ニンジン）の複数形です。

Prima. Dat is dan €4,40 (vier euro veertig) bij elkaar.	いいですよ。それでは全部で 4 ユーロ 40 セントです。

prima は「すばらしい」の意味で，愛想の良い受け答えです（Les 1 ダイアローグ）。€4,40 の読みかたに注意（Les 5 ダイアローグ）。bij elkaar は「全部で」（Les 12 文法）。

Bedankt. Prettig weekend! Dag!	どうも。それでは，良い週末を。さようなら。

Dag! を「さようなら」の意味で使っていることに注意（覚えるフレーズ 12，21 ページ）。

de groenteboer《ふるーンテ・ブーる》（八百屋さん）→ de groente（野菜）＋ de boer（農夫）

この課のポイント

052

人称代名詞：目的格「…を・に」

人称			単数		複数	
			基本形	弱形	基本形	弱形
1			mij《メイ》 私を・に	me《メ》	ons《オンス》 私たちを・に	
2	親称		jou《ヤウ》 君を・に	je《イェ》	jullie《ユリ》 君たちを・に	je《イェ》
	敬称		u《ユー》 あなたを・に		u《ユー》 あなたがたを・に	
3	人間	男性	hem《ヘム》 彼を・に	('m)《エム》	hun《ヒュン》 彼〈女〉らに	ze《ゼ》 彼〈女〉らを・に
		女性	haar《ハーる》 彼女を・に	ze/(d)'r《ゼ エる(デる)》	hen《ヘン》 彼〈女〉らを	
	物事	両性		hem/('m)《エム》 それを・に		ze《ゼ》 それらを・に
		中性		het/('t)《(エ)ト》 それを・に		

人称代名詞の目的格は**直接目的語**（…を），**間接目的語**（…に）のほかに，**前置詞・形容詞の目的語**（Les 17 文法）や**利害・関心**（～にとって）の意味でも使います。

Hoe vind je mijn das? —Ik vind **hem** mooi.
君はぼくのネクタイをどう思う？ 私はそれをすてきだと思うわ。

Ik wens《うぇンス》 **u** geluk《ヘリュク》. 私はあなたに幸運を祈ります。

Ik heb de brief niet **bij me**. その手紙は私の手元にはありません。

We zijn **hem** beu. 私たちは彼のことが嫌です。

３人称複数形では，**ze** は人間と物事に使い，**hun/hen** は人間だけに使います。hun は間接目的語，hen は直接目的語または前置詞と使うのがおおまかな原則です。

Ik geef **hun** twee boeken. 私は彼(女)らに本を２冊あげます。
= Ik geef twee boeken **aan hen**.

Ze lezen **ze** niet. 彼(女)らはそれら（＝２冊の本）を読みません。
Ik ken **ze/hen** niet. 私はそれら・彼(女)ら（ze）／彼(女)ら（hen）のことを知りません。

053

命令形

動詞の**命令形**には２種類あり，**親称 jij**（君）/**jullie**（君たち）では**不定詞語幹**と同じ，**敬称 u**（あなた（がた））では**不定詞語幹 -t ＋ u** となります。ともに単数と複数の区別はありません。「！」の使用は自由ですが，短い文ではよくつけます。

不定詞	zingen《ズィンゲ(ン)》	歌う
親称	Zing!《ズィング》	歌いなさい，歌って，歌え。
敬称	Zing**t u**!《ズィングト　ユー》	歌いなさい，歌ってください。

zing- ＋ -en
語幹　語尾

次の２語の命令形は**不規則**です。　＊ komen では語幹母音 o の長短に注意

	komen《コーメ(ン)》（来る）	zijn《ゼイン》（…である，…がある・いる）
親称	**Kom!**《コム》	**Wees!**《ヴぇース》
敬称	**Komt u!**《コムト　ユー》	**Weest u!**《ヴぇースト ユー》

命令文は命令形で始めます。**alstublieft/alsjeblieft**（どうか）は文頭には置かず，文中または文末に置きます。Alstublieft! や Alsjeblieft! のように単独で使うと，「どうぞ」の意味になります。

Kom hier!　ここに来なさい。

Wees voorzichtig!《ヴォーるズィふタは》　気をつけていなさい。

Stopt u hier **alstublieft**.　ここで停車してください。　stoppen 止まる

Geeft u me **alstublieft** een middel tegen《テーへ(ン)》 zeeziekte《ゼーズィークテ》.　船酔いの薬をください。　geven 与える

否定命令「…しないで，…するな」には **niet**（…ない）や **nooit**（けっして…ない）を添えます。

Vergeet《ヴェるヘート》 me **niet**.　私のことを忘れないでね。　vergeten 忘れる

054

Les
8

11 番のお部屋にお入りいただけます。

U kunt in kamer elf.

H: mevrouw Honda　*Ho*: Hotelier

H : **Hebt《ヘプト》 u《ユー》 nog《ノほ》 een《エン》 tweepersoonskamer《トゔぇーぺるソーンス・カーメる》 met《メト》 douche《ドゥーシェ》 en《エン》 toilet?《トゔぁレト》 We《ゔぇ》 willen《ゔぃレ(ン)》 graag《ふらーは》 drie《ドりー》 nachten《ナはテ(ン)》 blijven.《ブレイヴェ(ン)》**

Ho : **Ja《ヤー》 hoor.《ホーる》 U《ユー》 kunt《キュント》 in《イン》 kamer《カーメる》 elf.《エルフ》 Hier《ヒーる》 is《イス》 de《デ》 sleutel.《スレーテル》 Alstublieft.《アルステュブリーフト》**

H : **Kunt《キュント》 u《ユー》 ons《オンス》 morgenochtend《モるへ(ン)オほテント》 om《オム》 half《ハルフ》 zeven《ゼーヴェ(ン)》 wekken?《ゔぇケ(ン)》**

Ho : **Ja,《ヤー》 natuurlijk.《ナテューるレク》 Zullen《ズュレ(ン)》 we《ゔぇ》 u《ユー》 het《エト》 ontbijt《オンドベイト》 op《オプ》 de《デ》 kamer《カーメる》 brengen?《ブれンゲ(ン)》**

H : **Nee,《ネー》 dank u.《ダンキュー》 Dat《ダト》 hoeft《フーフト》 niet.《ニート》**

本田夫人：シャワーとトイレつきのツインのお部屋は，まだありますか。私たち，３泊したいんですが。

ホテリア：はい，ございますとも。11 番のお部屋にお入りいただけます。こちらが鍵でございます。

本田夫人：明日の朝，６時半に起こしていただけますか。

ホテリア：はい，もちろんでございます。朝食はお部屋にお持ちいたしましょうか。

本田夫人：いえ，けっこうです。それは必要ありません。

Hebt u nog een tweepersoonskamer met douche en toilet?	シャワーとトイレつきのツインの部屋はまだありますか。

Hebt u nog ... は「…はまだありますか？」の意味。tweepersoonskamer は「2 人（tweepersoon）の（-s-）部屋（kamer）」，met は前置詞「…のついた，とともに」。douche（シャワー）と toilet（トイレ）の ou［ウー］と oi［ゔぁ］は例外的なつづりです。

We willen graag drie nachten blijven.	私たちは 3 泊したいのです。

willen graag ... は「…したいのです」という願望の表現です。文末に不定詞 blijven（とどまる）が置かれ，話法の助動詞 willen と枠構造（文法参照）をつくります。

Ja, hoor. U kunt in kamer elf.	はい，たしかに。11 番のお部屋にお入りいただけます。

kunt は話法の助動詞 kunnen（…できる）の人称変化ですが，文末に本動詞がありません。不定詞を欠く話法の助動詞の用法です。hoor については文法参照。

Kunt u ons morgenochtend om half zeven wekken?	明日の朝，6 時半に私たちを起こしていただけますか。

kunt u ...? は「…していただけますか」という依頼の表現です。ons は「私たちを」，wekken は「起こす」，morgenochtend は「明日（morgen）の朝（ochtend）」（文法参照）。om half zeven は「7 時半に」ではなくて，「6 時半に」です（Les 5 文法）。

Zullen we u het ontbijt op de kamer brengen?	朝食を部屋に持っていきましょうか。

zullen we ...? は「…しましょうか？」という勧誘の表現です。het ontbijt は「朝食」，brengen は「持っていく」。前置詞 op はホテル・郵便局・銀行・学校など公的活動の空間，in は自宅の部屋や一般的な空間に使います。

Dat hoeft niet.	それは必要ありません。

hoeven（必要とする）の te-不定詞を欠く用法です。否定詞 niet といっしょに用いて「…は必要ない」の意味です。同じ意味で次のようにも言います。

Dat is niet nodig《ノーダは》.

nodig　必要な

055

この課のポイント

話法の助動詞（1）

不定詞を伴って話者の気持ちや判断を表す助動詞を話法の助動詞といいます。３人称単数で -t がつかず，単数形と複数形の語幹が異なることがあります。不定詞は文末に置きます。ⓐ～ⓒの２人称 kunt/wilt/zult は kan/wil/zal よりも改まった感じがします。敬称 u（あなた〈がた〉）では kunt/wilt/zult，親称 jij（君）では kan/wil/zal がふつうです。過去形も示しておきましょう。

ⓐ **kunnen**《キュネ(ン)》 …できる《能力・可能》，…してもいい《許可》，…してくれませんか《２人称主語疑問文，依頼》，…しましょうか《１人称主語疑問文，申し出》；…かもしれない《推量》

	現在形	過去形		現在形	過去形
ik/hij	kan	kon	wij/jullie/zij	kunnen	konden
jij/u	kan/kunt (kan/kun jij)	kon	u	kan/kunt	kon

Hij **kan** goed **zwemmen**《ズヴぇメ(ン)》. 彼は上手に泳げます。

Kan ik u iets《イーツ》 **vragen**《ヴらーへ(ン)》? おたずねしても（＝あなたに何かを質問しても）いいですか。
mag も可

Kan ik u **helpen**《ヘルペ(ン)》? おうかがいしておりますか（＝私はあなたを手伝いましょうか）。

Kunt u geld《ヘルト》 **wisselen**《ヴぃセレ(ン)》? お金を両替していただけますか。

Hij **kan** wel ziek《ズィーク》 **zijn**. 彼は病気かもしれません。

ⓑ **willen**《ヴぃレ(ン)》 …したい《願望》，…してくれますか《２人称主語疑問文，依頼》

	現在形	過去形		現在形	過去形
ik/hij	wil	wou/wilde	wij/jullie/zij	willen	wilden
jij/u	wil/wilt (wil jij)	wou《ヴぁウ》/wilde《ヴぃルデ》	u	wil/wilt	wou/wilde

Ik **wil** graag wat **eten**. 私は何か食べたいのです。

Wilt u hier **ondertekenen**《オンデるテーケネ(ン)》? ここにサインしていただけますか。 Kunt/Kan も可

ⓒ zullen《ズュレ(ン)》 …するつもりだ《1人称主語，意志・予定》，…するんですよ《2人称主語，命令・勧告》，…だろう《3人称主語，推量》，…しましょうか《1人称複数形主語，勧誘》

場面に応じて種々の話法的ニュアンスを表します。「未来」(Les 14) の意味もありますが，これは話法的ニュアンスのひとつにすぎません。

	現在形	過去形		現在形	過去形
ik/hij	zal	zou	wij/jullie/zij	zullen	zouden《ザウデ(ン)》
jij/u	zal/zult (zal/zul jij)	zou《ザウ》	u	zal/zult	zou

Ik **zal** het vanavond **doen**. 私はそれを今晩するつもりです。
Zullen we nog een keer **dansen**? もう一度，踊りましょうか。
Het **zal** warm **worden**. 暑くなるでしょう。

ⓓ hoeven《フーヴェ(ン)》 (否定文で te-不定詞を伴って，Les 12) …する必要はない

moeten (…しなければならない) (Les 9) の否定の代用表現として多用します。変化はふつうの動詞と同じで，規則的です。

Je **hoeft niet** bang **te zijn**. 君は心配しなくてもいいよ。 bang 心配な

056

不定詞を欠く話法の助動詞の用法

話法の助動詞とともに用いる不定詞は，**意味がわかる**ときには**省略**できます。ただし，話法の助動詞が推量・推定の意味を表す場合を除きます。

Ik **wil** graag een bon. レシートがほしいのです。

Kan dat? それはいいのですか。

Ik **wil** dat iedereen《イーデれーン》 op tijd komt. 私は各自が時間通りに来てほしいと思います。(=来ることを欲します，従属文，Les 11)

057

Les 9

小包を送りたいんですが。

Ik wil graag een pakje versturen.

S: Sayaka　*P*: Postbeambte

S : **Mag《マは》 ik《イク》 zes《ゼス》 postzegels《ポ(スト)セーヘルス》 van《ヴァン》 vijftig《フェイフタは》 cent《セント》? ... En《エン》 dan《ダン》 wil《うぃル》 ik《イク》 nog《ノほ》 graag《ふらーは》 een《エン》 pakje《パキェ》 versturen《ヴェるステューれ(ン)》 naar《ナーる》 Japan《ヤパン》. Zou《ザウ》 u《ユー》 me《メ》 zo'n《ゾーン》 formulier《フォるミュリーる》 kunnen《キュネ(ン)》 geven《ヘーヴェ(ン)》?**

P : **Ze《ゼ》 liggen《リへ(ン)》 daar《ダーる》. U《ユー》 kunt《キュント》 ze《ゼ》 zo《ゾー》 pakken《パケ(ン)》.**

S : **Hoeveel《フーヴェール》 moet《ムート》 er《エる》 op《オプ》 deze《デーゼ》 brief《ブりーフ》 naar《ナーる》 Japan《ヤパン》?**

P : **Er《エる》 moet《ムート》 twee《トうぇー》 euro《エーろ》 veertig《フェーるタは》 op《オプ》.**

S : **Kan《カン》 ik《イク》 hier《ヒーる》 ook《オーク》 Japanse《ヤパンセ》 yens《イェンス》 wisselen《うぃセレ(ン)》?**

P : **Ja《ヤー》, dat《ダト》 kan《カン》, maar《マーる》 dan《ダン》 moet《ムート》 u《ユー》 bij《ベイ》 een《エン》 ander《アンデる》 loket《ロケト》 zijn《ゼイン》.**

紗矢香　：50 セントの切手を 6 枚いただけますか。それから，日本に小包を送りたいんですが。用紙のようなものをくださいますか。
郵便局員：それはあそこにあります。どうぞお取りください。
紗矢香　：この日本への手紙にはいくら貼る必要がありますか。
郵便局員：それには 2 ユーロ 40 セント必要です。
紗矢香　：ここでは日本円の両替もできますか。
郵便局員：ええ，できますが，それでは別の窓口にお並びいただかなければなりません。

Mag ik zes postzegels van vijftig cent?	50 セントの切手を 6 枚もらってもいいですか。

Mag ik ...? は「…してもいいですか？」という許可を得る表現です（不定詞 mogen）。postzegels は postzegel（切手）の複数形，van（…の）は前置詞です（文法参照）。

En dan wil ik nog graag een pakje versturen naar Japan.	それからまた，私は日本に小包を送りたいのです。

wil（…したい）と versturen（送る）で枠構造をつくりますが，その外に naar Japan（日本に）が「枠越え」しています（Les 8 文法）。een pakje は「小包」，nog は「まだ，さらに」。

Zou u me zo'n formulier kunnen geven?	用紙のようなものを私にくださいますか。

Zou u ... kunnen + 不定詞？は「…してくださいますか？」という丁寧な依頼です（文法参照）。geven は「与える」，zo'n formulier は「用紙のようなもの」（Les 16 文法）の意味。

Ze liggen daar.	それはあそこにあります。

liggen は「横たわっている」の意味，daar は「あそこに」という場所の副詞です。

Hoeveel moet er op deze brief naar Japan?	この日本への手紙にはいくら貼る必要がありますか。

「この手紙（deze brief）の上には（op）（切手が）どれほど多く（hoeveel）［ある］必要がありますか（moet er）」の意味で，文末の不定詞 zijn（…がある）を欠いています。

Er moet twee euro veertig op.	それには 2 ユーロ 40 セント必要です。

文頭の er は「虚辞の er」（Les 4 文法）ですが，「代名詞の er」の働きを兼ねており，er ... op で「その上に」の意味です。

Kan ik hier ook Japanse yens wisselen?	ここでは日本円も両替できますか。

Kan ik ...? は「…できますか？」という可能の表現。Japanse yens は Japanse yen「日本円」の複数形，ook は「…もまた」，wisselen は「両替する」の意味。

Dan moet u bij een ander loket zijn.	それではあなたは別の窓口にいなければなりません。

bij een ander loket zijn は「別の（ander）窓口（loket）に（bij）いる」です。

058

この課のポイント

話法の助動詞（2）

ⓐ **moeten** [ムーテ(ン)]　…しなければならない《必要・必然》，…しないほうがいい《否定文で勧告》；…にちがいない《強い推定》

現在形		過去形	現在形		過去形
ik/jij/hij	moet	moest	wij/jullie/zij	moeten	moesten
u	moet	moest	u	moet	moest

Voor het eten **moet** je je handen《ハンデ(ン)》 **wassen**《ゔぁセ(ン)》.　食事の前には手を洗わなければいけません（＝洗うことが必要だ）。

Dat **moet** je niet zo serieus《セり(ィ)エース》 **nemen**《ネーメ(ン)》.　それは君はそんなにまじめに受け取らないほうがいい。

Ze **moet** ergens in de tuin **zijn**.　彼女は庭のどこかにいるにちがいありません。

似た意味の表現として，名詞句＋ **nodig hebben**（…を必要とする）もあります。

Ik **heb** dit geneesmiddel《ヘネースミデル》 **nodig**《ノーダは》.　私はこの薬が必要です。

ⓑ **mogen** [モーへ(ン)]　…してもいい《許可》，…してはいけない《否定文で禁止》，（人を）感じがいいと思う；…かもしれないが《譲歩》

現在形		過去形	現在形		過去形
ik/jij/hij	mag《マは》	mocht《モほト》	wij/jullie/zij	mogen	mochten
u	mag	mocht	u	mag	mocht

Mag ik hier **roken**?　ここでは喫煙してもいいですか。

Ik **mag** geen alcohol《アルコホル》 **drinken** van de dokter.　私は医者から酒を飲んではいけないと言われています。

Hij **mag** dan slim **zijn**, sterk is hij niet.　彼は利口かもしれないが，たくましくはない。

Ik **mag** haar graag.　ぼくは彼女をいい人だと思います。

059

er［エる］の用法（2）──代名詞の er

er ... 前置詞の er は物事を示す代名詞で，「それ」という意味です。「そこ」という意味の副詞（Les 4 文法）ではありません。これを**代名詞の er** といい，**前置詞＋人称代名詞**の人称代名詞を代用します（英語の *therefore*「それ（*there-*）ゆえに（*-fore*)」参照)。この er は前置詞（語順としては後置詞）からは**分離**して，**定動詞の直後**に添えます。

Ik denk nooit meer **aan mijn jeugd**《イェーふト》. 私はもうけっして青春時代のことを考えません。
aan ... denken …を考える

→ Ik denk **er** nooit meer **aan**. 私はもうけっしてそのことを考えません。

人間を表すときには「**前置詞＋人称代名詞**」を使います（話し言葉では**代名詞の er** も可)。

Ik denk vaak **aan Lies**. 私はよくリースのことを考えます。

→ Ik denk vaak **aan haar**. 私はよく彼女のことを考えます。

er と前置詞が連続すると 1 語でつづります。**強調**するときには有アクセントの **daar**［ダーる］（それ，あれ）で代用します。**文頭**ではいつもそうです（これも daar（そこ，あそこ）とは別です)。

Vaak denk ik **eraan**《エらーン》. しばしば私はそのことを考えます。

Daar denk ik altijd **aan**. そのことを私はいつも考えています。 er は不可

次の文では，er は文頭にあるので**虚辞の er**（Les 4 文法）ですが，**代名詞の er** を兼ねています。**er が重なると文中の er を省く**のです。

Er moet twee euro veertig **op**. それには（＝それの上には（er）... op）2ユーロ 40 セント必要です。

次の前置詞は **er ... 前置詞**となるときに語形が変わります。

met + 名詞句（…とともに） → er ... **mee**（それとともに）
tot + 名詞句（…まで） → er ... **toe**《トゥー》（それまで）

Ze is erg《エるふ》 blij《ブレイ》 **met het nieuws**《ニーウス》. 彼女はその知らせをとても喜んでいます。

→ Ze is **er** erg blij **mee**. 彼女はそれをとても喜んでいます。

060

Les 10

あのスリムな女の子はだれ？

Wie is dat slanke meisje?

J: Jasper　*M*: Marga

J : **Wie《ゔぃー》 is《イス》 dat《ダト》 slanke《スランケ》 meisje《メイシェ》 naast《ナースト》 Mieke《ミーケ》?**

M : **Dat《ダト》 is《イス》 Greetje《ふれーチェ》, mijn《メイン》 nieuwe《ニーゔぇ》 collega《コレーは》.**

Ze《ゼ》 is《イス》 de《デ》 jongste《ヨングステ》 van《ヴァン》 ons《オンス》 allen《アレ(ン)》.

J : **Echt《エヘト》 waar《ゔぁーる》?　Is《イス》 ze《ゼ》 niet《ニート》 net《ネト》 zo《ゾー》 oud《アウト》 als《アルス》 Loes《ルース》?**

M : **Nee《ネー》 hoor《ほーる》, ze《ゼ》 is《イス》 nog《ノほ》 een《エン》 beetje《ベーチェ》 jonger《ヨンゲる》 dan《ダン》 Loes《ルース》.**

J : **Trouwens《トらウ(ゔ)エンス》, heb《ヘプ》 je《イェ》 zin《ズィン》 in《イン》 een《エン》 kopje《コピェ》 koffie《コフィ》?**

Om《オム》 de《デ》 hoek《フーク》 ken《ケン》 ik《イク》 een《エン》 gezellig《へゼラは》 café《カフェー》.

M : **O《オー》 ja《ヤー》, goed《ふート》 idee《イデー》.　Ik《イク》 krijg《クれイふ》 zo《ゾー》 langzamerhand《ラングザーメるハント》 trek《トれク》.**

ヤスペル：ミーケの隣にいるあのスリムな女の子は，だれ。
マルハ　：あれはフレーチェよ，私の新しい同僚なの。彼女，私たちの中でいちばん若いのよ。
ヤスペル：えっ，本当？　彼女，ルースと同年齢じゃないの？
マルハ　：ううん，ルースよりまだ少し若いの。
ヤスペル：ところで，コーヒーでも飲まない？　角のところに感じのいい喫茶店を知ってるから。
マルハ　：そうね，いいわよ。そろそろおなかもすいてきたし。

Wie is dat slanke meisje naast Mieke?	ミーケの隣のあのスリムな女の子はだれ。

slanke は slank（細身の）＋形容詞語尾 -e です。naast は前置詞「…の横の」。

Dat is Greetje, mijn nieuwe collega.	あれはフレーチェ，私の新しい同僚よ。

nieuwe は nieuw（新しい）＋形容詞語尾 -e です。collega は「同僚」。

Ze is de jongste van ons allen.	彼女，私たちの中でいちばん若いのよ。

de jongste は jong（若い）の最上級（文法参照），van ons allen は「私たち全員の中で」。

Echt waar? Is ze niet net zo oud als Loes?	本当なの？ 彼女，ルースと同年齢じゃないの？

net zo ＋ 形容詞原級 ＋ als ...（…とまさに同じくらい…）は同等比較の表現です（文法参照）。oud は「…歳の，高齢の」の意味。echt は「まさに」，waar は「本当の」。

Nee hoor, ze is nog een beetje jonger dan Loes.	ううん，彼女，ルースよりまだ少し若いの。

jonger dan ...（…よりも若い）は jong の比較級（文法参照）。een beetje は「少し」。

Trouwens, heb je zin in een kopje koffie?	ところで，君はコーヒーでも飲む気持ちがあるかい？

zin hebben in ... は「…する気がある」，een kopje koffie は「コーヒー 1 杯」（Les 7 文法）。

Om de hoek ken ik een gezellig café.	ぼくは角のところに感じのいい喫茶店を知ってるんだ。

gezellig（心地良い）は心理的快感を表す代表的な形容詞です。café（喫茶店）は外来語で，不定冠詞 een つきの中性名詞単数形なので，gezellig には語尾 -e がつきません。

O, ja, goed idee. Ik krijg zo langzamerhand trek.	そうね，いい考えだわ。 私はそろそろおなかがすいてきたの。

idee（考え，アイデア）は無冠詞の中性名詞単数なので，goed（良い）は無語尾です。krijg は「得る」（krijgen），trek は「空腹」，zo langzamerhand は「そろそろ」。

この課のポイント

形容詞の語尾 -e

形容詞には名詞を修飾するときに語尾 -e をつけます。ただし，名詞が中性単数で不定のときは無語尾です。

「不定」とは, 不定冠詞 een, 否定冠詞 geen, 無冠詞, ieder［イーデる］/elk（各自の）, zo'n［ゾーン］/zulk［ズュルク］（そのような），veel（多くの），weinig［ゔぇイナは］（わずかな），welk（どの）などを使う場合です。

語尾 -e を伴うのは，定冠詞 de/het，mijn（私の）などの所有代名詞，指示代名詞 deze/dit（この），die/dat（その，あの）などを使う場合です。

単数	両性	een goede collega ある良い同僚	de/mijn　goede collega その/私の良い同僚	goede wijn 良いワイン
	中性	een **goed** boek ある良い本	het/mijn　goede boek その/私の良い本	**goed** bier 良いビール
複数	両性	goede collega's	de/mijn　goede collega's	
	中性	goede boeken	de/mijn　goede boeken	

母音字・子音字の重複や s/z，f/v の変化を起こす語に注意しましょう。

rood《ろート》（赤い）→ **rode**《ろーデ》　　wit《ゔぃト》（白い）→ witte《ゔぃテ》

wijs《ゔぇイス》（賢い）→ wijze《ゔぇイゼ》　　actief《アクティーフ》（活動的な）→ actieve《アクティーヴェ》

-en［エ(ン)］で終わる形容詞（過去分詞を含む）には語尾 -e をつけません。lila［リーラ］（藤色の）のように母音で終わる語でもそうです。

de gouden《はウデ(ン)》 tijd　黄金時代　　gouden（黄金の）

専門用語・公式名称・役職など，「形容詞＋名詞」で複合名詞のようになって 1 語に相当するときは，ふつう語尾 -e をつけません。とくに単数形ではつけません。

het centraal《セントらール》 station《スタション〈スタチョン〉》　中央駅　　het stedelijk《ステーデレク》 museum《ミュゼー(ィ)ユム》　市立博物館・美術館

een groot man　偉人　⟷　een grote man　背の高い男

1語の複合名詞として定着しているものもあります（アクセントの位置に注意）。

vrijgezel《ヴれい·ヘゼル》 独身男性　　vrij（自由な）＋ gezel《ヘゼル》（仲間）

sneltrein《スネルトれイン》 急行　　snel（早い）＋ trein（列車）

形容詞の比較級と最上級

形容詞の比較級には **-er**，最上級には **-st** をつけます。母音字・子音字の重複，s/z, f/v の変化に注意してください。

gr**oo**t《ふろート》（大きい）—gr**o**t**er**《ふろーテる》—gr**oo**t**st**《ふろーツト》

di**k**《ディク》（太った）—di**kker**《ディケる》—di**kst**《ティクスト》

vie**s**《ヴィース》（汚い）—vie**zer**《ヴィーぜる》—vie**st**《ヴィースト》（-sst → -st）

-r で終わる語は，比較級では -d- を入れて **-der** とします。

duur《デューる》（高価な）—duur**der**《デューるデる》—duur**st**《デューるスト》

ver《ヴェる》（遠い）—ver**der**《ヴェるデる》—ver**st**《ヴェるスト》

intelligent［インテリヘント］（知的な）などの長い形容詞も，intelligent**er** − intelligent**st** となります。**meer**（より…）/**meest**（最も…）（英 *more/most*）の使用は，-en（比較級・最上級で使用）や -e/-st/-ts/-sd（最上級で使用）で終わる語に限られます。

tevreden《テヴれーデ(ン)》（満足した）—**meer** tevreden—**meest** tevreden

trots《トろツ》（誇らしい）—**trotser**《トろツェる》—**meest** trots

次の語は不規則です（便宜的に副詞・不定代名詞を含めます）。

goed《ふート》（良い）—**beter**《ベーテる》—**best**《ベスト》　　graag《ふらーは》（好んで）—**liever**《リーヴェる》（むしろ）—**liefst**《リーフスト》

veel《ヴェール》（多い）—**meer**《メーる》—**meest**《メースト》　　weinig《ゔぇイナは》（わずかな）—**minder**《ミンデる》—**minst**《ミンスト》

061

Les 11

観光案内所はどこか，教えていただけますか。

Kunt u me zeggen waar de VVV is?

S: Sayaka　*T.B*: meneer Ter Beek

S　: **Pardon《パるドン》 meneer《メネーる》, kunt《キュント》 u《ユー》 me《メ》 zeggen《ゼへ(ン)》 waar《うぁーる》 de《デ》 VVV《ヴェーヴェーヴェー》 is《イス》?**

T.B : **Even《エーヴェ(ン)》 kijken《ケイケ(ン)》.　U《ユー》 loopt《ロープト》 een《エン》 stukje《ステュキェ》 rechtdoor《れへドーる》.**

Dan《ダン》 de《デ》 vierde《ヴィーるデ》 straat《ストらート》 links《リンクス》, de《デ》 brug《ブりゅふ》 over《オーヴェる》 en《エン》

dan《ダン》 komt《コムト》 u《ユー》 op《オプ》 de《デ》 markt《マるクト》.　Daar《ダーる》 is《イス》 de《デ》 VVV《ヴェーヴェーヴェー》

precies《プれスィース》 tegenover《テーへ(ン)オーヴェる》 de《デ》 Oude《アウデ》 Kerk《ケるク》.

S　: **Dat《ダト》 is《イス》 een《エン》 beetje《ベーチェ》 te《テ》 ver《ヴェる》 weg《うぇへ》.　Weet《うぇート》 u《ユー》 misschien《ミスひーン》**

hoe《フー》 ik《イク》 daar《ダーる》 het《エト》 beste《ベステ》 kan《カン》 komen《コーメ(ン)》?

T.B : **U《ユー》 kunt《キュント》 de《デ》 bus《ビュス》 nemen《ネーメ(ン)》.　Er《エる》 zijn《ゼイン》 er《エる》 twee《トうぇー》:**

lijn《レイン》 30《デるタは》 en《エン》 31《エーン・エン・デるタは》.　Ik《イク》 denk《デンク》 ook《オーク》 niet《ニート》 dat《ダト》 u《ユー》

met《メト》 uw《ユウ》 koffer《コフェる》 daarheen《ダーるヘーン》 kunt《キュント》 lopen《ローペ(ン)》.

紗矢香　　　：すみません，観光案内所はどこか教えていただけますか。
テル・ベーク氏：そうですね。ここを少しまっすぐ行きます。それから4つ目の通りを左に曲がって橋を渡ると，マルクト広場に出ます。そこで観光案内所は旧教会の真向かいにあります。
紗矢香　　　：それはちょっと遠すぎます。どうしたらそこに一番うまく行けるか，もしかしてご存知でしょうか。
テル・ベーク氏：バスに乗るといいですよ。2つ路線があります。30番と31番です。私もトランクを持ってそこまで歩くのは無理だと思います。

Kunt u me zeggen waar de VVV is?	観光案内所はどこか，私に教えていただけますか。

kunt u me zeggen（私に教えて（＝言って zeggen）くれますか）の後ろに waar ＋ 従属文（…はどこにあるか）という間接疑問文が続いた表現です。
VVV（Vereniging voor Vreemdelingenverkeer）は観光案内所です。

U loopt een stukje rechtdoor. Dan de vierde straat links, de brug over en dan komt u op de markt.	ここを少しまっすぐ行きます。それから4つ目の通りを左に曲がって橋を渡ると，マルクト広場に出ます。

loopt は「歩く」（lopen），een stukje は「少しの距離」，rechtdoor は「まっすぐ」，links は「左」（「右」は rechts ［れへッ］）です。de brug over（橋を越えて）は文法参照。

Daar is de VVV precies tegenover de Oude Kerk.	そこで観光案内所は旧教会の真向かいにあります。

precies tegenover ... は「…のちょうど 向かい側に」の意味。定期市が開かれるマルクト広場（markt）は町の中心で，立派な教会（kerk）と市庁舎（stadhuis）が立ち並んでいます。観光の目玉でもある場所です。

Weet u misschien hoe ik daar het beste kan komen?	どうしたら私がそこに一番うまく行けるか，もしかしてご存知でしょうか。

weet u（あなたは知っていますか）に hoe ＋ 従属文（どのように…か）という間接疑問文が続いた表現です。kan komen（行ける）の語順と komen（行く）の意味に注意（文法参照）。

U kunt de bus nemen.	あなたはバスに乗るといいです（＝乗れます）。

nemen は「取る」ですが，de bus nemen で「バスに乗る」という意味です。

Er zijn er twee: lijn 30 en 31.	2つ路線があります。30番と31番です。

er twee の er は「数量の er」（文法参照），文頭の er は「虚辞の er」，lijn は「路線」です。

Ik denk ook niet dat u met uw koffer daarheen kunt lopen.	私もあなたがトランクを持ってそこまで歩けるとは思いません。

ik denk ook niet（私も思わない）に dat ＋ 従属文（…ということ）が続いた表現です。met uw koffer は「あなたのトランクとともに」，daarheen は「そこへ」の意味。kunt lopen（歩ける）の語順に注意（文法参照）。

この課のポイント

062

従属接続詞と並列接続詞

ⓐ 従属接続詞

ある文の一部になっている文を従属文（＝従属節）といいます。従属文は従属接続詞が導入します。従属接続詞には **dat**（…ということ）のほかにもいろいろあります。

omdat《オムダト》 …なので	hoewel《フーヴェル》 …にもかかわらず
wanneer《ゔぁネーる》 …するときに	toen《トゥーン》 …したときに
als《アルス》 …ならば	zoals《ゾーアルス》 …のように
nadat《ナーダト》 …した後で	voor《ヴォーる》 / voordat《ヴォーるダト》 …する前に
terwijl《テるうぇイル》 …している間に	(voor)《(ヴォーる)》 zover《ゾーヴェる》 …するかぎり
sinds《スィンツ〈スィンス〉》 …して以来	tot《トト》 / totdat《トダト》 …するまで

従属文では定動詞を文末に置きます。つまり，先頭の従属接続詞と文末の定動詞で枠構造をつくるのです（文法参照）。

Komt u eens langs **als** u naar Japan **komt**.

日本に来たら，寄ってくださいね。

Vader eet **terwijl** hij de krant **leest**.

父は新聞を読みながら，食事をします。

Hoewel het geen mooi weer **is**, spelen de kinderen buiten.

天気が良くないのに（＝良くない天気なのに），子供たちは外で遊んでいます。

ⓑ 並列接続詞

並列接続詞は２つの文や文の一部を対等に並べます。次が代表的なものです。

en そして	maar しかし	of または
want《ゔぁント》 なぜなら	dus《デュス》 したがって	

並列接続詞は語順には影響しません。定動詞は並列接続詞を除いて２番目です。

Ze gaat naar de tandarts《タンダるツ》, **want** ze **heeft** kiespijn《キースペイン》. 《並列接続詞 want》

彼女は歯医者に行きます。なぜなら歯が痛いからです。

Ze gaat naar de tandarts, **omdat** ze kiespijn **heeft**.

彼女は歯が痛いので，歯医者に行きます。 《従属接続詞 omdat》

= **Omdat** ze kiespijn **heeft**, gaat ze naar de tandarts.

063 間接疑問文

ある文の一部になっている疑問文を**間接疑問文**といいます。間接疑問文は従属文なので，**枠構造**をつくり，**定動詞は文末**です。ja（はい）/nee（いいえ）で答える**決定疑問文**は，**of**（…かどうか）で導入します。

Ik zal even vragen **of** dat mogelijk **is**.

私はそれが可能かどうか，ちょっと聞いてみますよ。

疑問詞疑問文では**疑問詞**を従属文の**先頭**に置きます。

Kunt u me alstublieft zeggen **waar** ik kaartjes **kan krijgen**?

どこでチケットを手に入れられるか，教えていただけますか？

Weet jij **wat voor weer** het in Vlaanderen **is**?

フランドル地方ではどんな天気なのか，知ってる？

waar（何）... **前置詞**（Les 9 文法）を含む文では，waar（何）だけが先頭に来て，**前置詞は後ろに残る**のがふつうです。次の文の waar ... voor（何のために）は，1 語でつづる waarvoor よりも話し言葉では自然です。

Ik wil weten **waar** hij dat geld **voor** nodig **heeft**.

私は彼が何のためにそのお金が必要なのか，知りたい。

← **Waar** heeft hij dat geld **voor** nodig?

彼は何のためにそのお金が必要なのだろう。

次の文は従属文の中の要素を問う間接疑問文です。

Wie denken jullie **dat** er vanavond **komen**?

君たちは今晩，だれが来ると思うかい？（虚辞の er，Les 4 文法）

Aan wie denk je **dat** ik dat het beste **kan vragen**?

君は私がだれにそれを聞いたらいちばん良いと思うかい？

064

Les 12

すっかりここになじんだし。

Ik voel me echt thuis hier.

M: Maarten　*R*: Rita

M : **Wen《ヴェン》 je《イェ》 al《アル》 een《エン》 beetje《ベーチェ》 aan《アーン》 het《エト》 leven《レーヴェ(ン)》 in《イン》 Leeuwarden《レーヴぁるデ(ン)》?**

R : **Jazeker《ヤーゼーケる》. Ik《イク》 voel《ヴール》 me《メ》 echt《エヘト》 thuis《タイス》 hier《ヒーる》 en《エン》 ik《イク》 denk《デンク》 dat《ダト》 het《エト》 tijd《テイト》 is《イス》 om《オム》 een《エン》 baan《バーン》 te《テ》 zoeken《ズーケ(ン)》.**

M : **Dat《ダト》 kan《カン》 ik《イク》 me《メ》 best《ベスト》 voorstellen《ヴォーるステレ(ン)》.**

Dan《ダン》 kan《カン》 je《イェ》 eens《エーンス》 bij《ベイ》 een《エン》 uitzendbureau《アイトセンドビュろー》 informeren《インフォるメーれ(ン)》.

Het《エト》 is《イス》 moeilijk《ムーイレク》 om《オム》 op《オプ》 eigen《エイヘ(ン)》 initiatief《イニツィアティーフ〈…スィア…〉》 te《テ》 solliciteren《ソリスィテーれ(ン)》.

R : **Bedankt《ベダンクト》 voor《ヴォーる》 je《イェ》 advies《アトフィース》! Dan《ダン》 zal《ザル》 ik《イク》 me《メ》 moeten《ムーテ(ン)》 haasten《ハーステ(ン)》. We《ヴぇ》 zien《ズィーン》 elkaar《エルカーる》 volgende《ヴォルヘンデ》 week《ヴぇーク》 weer《ヴぇーる》.**

マールテン：少しはもうレーヴァルデンの生活に慣れてきたかい。
リータ　　：ええ，もちろん。すっかりここになじんだし，仕事を探す時期だと思ってるの。
マールテン：そうだろうね。だったら，人材派遣会社で聞いてみればいいよ。自分で職を探すのは大変だよ。
リータ　　：アドバイス，ありがとう。じゃあ，急がなくっちゃ。また来週，会いましょうね。

Wen je al een beetje aan het leven in Leeuwarden?
君は少しはもうレーヴァルデンの生活に慣れてきたかい。

wennen aan ... は「…に慣れる」，het leven は「生活」，al は「もう」，een beetje は「少し」の意味。Leeuwarden はオランダ・フリースラント州（Friesland）の州都です。

Ik voel me echt thuis hier.
私はここでは本当にアットホームに感じています。

再帰動詞 zich voelen（…と感じる）による表現。再帰代名詞 zich が主語 ik（私は）に合わせて me となっています。echt は「本当に」，thuis は「アットホームに」。

Ik denk dat het tijd is om een baan te zoeken.
仕事を探す時期だと私は考えています。

het は不定詞句 om ... te zoeken（…を探すこと）を先取りして示す形式的な代名詞です。tijd は「時間，時期」，een baan は「職，仕事」。

Dat kan ik me best voorstellen.
それを私はとてもよく想像できます。

再帰動詞 zich voorstellen（…を想像する）による表現です。zich は ik に合わせて me にします。best は「良く（goed）」を強めた「とても良く」の意味で，het がつきません。残りの文については，eens「ちょっと，…よ」，uitzendbureau「人材派遣会社」（発音注意），informeren「問い合わせる」となります。

Het is moeilijk om op eigen initiatief te solliciteren.
自発的に求職することはむずかしい。

het は不定詞句 om...te solliciteren（求職すること）を先取りして示す形式的な代名詞です。moeilijk は「むずかしい」，op eigen initiatief は「自分のイニシアティヴで」。

Dan zal ik me moeten haasten.
それなら私は急ぐ必要があるでしょう。

再帰動詞 zich haasten（急ぐ）による表現。zich は ik に合わせて me にします。

We zien elkaar volgende week weer.
私たちはまた来週，会いましょう。

elkaar（おたがいに）は相互代名詞です（文法参照）。we zien elkaar（私たちはおたがいを見る）で「会いましょう」となります。volgende week は「来週」，weer は「再び」。

この課のポイント

065 再帰動詞と再帰代名詞

単文の主語と同じものを指す目的語代名詞を伴う動詞を再帰動詞といいます。たとえば，haasten［ハーステ(ン)］は「〈他人を〉急がせる」という意味の他動詞ですが，むしろ「〈自分を〉急がせる」，つまり「急ぐ」という意味で多用します。

Hij moet **zich haasten**.　彼は急がなければなりません。

この場合の「自分を・に」にあたる zich［ズィふ］（［ズィひ］とは発音しないで！）を再帰代名詞といいます。これを使った zich haasten（急ぐ）が再帰動詞です。一方，人称代名詞 hem（彼を）を使うと，主語とは別人を指すことになります。

Je moet **hem** niet zo **haasten**.　君は彼をそんなに急がせないほうがいい。

このように，オランダ語では haasten（急がせる）という他動詞から zich haasten（急ぐ）という再帰動詞をつくるのですね。日本語では逆に，「急ぐ」という自動詞から「急がせる」という使役動詞をつくるので，発想の転換が必要です。

日本語　　：「急ぐ」→「急がせる」
オランダ語：zich haasten（再帰動詞）← haasten（他動詞）

zich を使うのは，主語が３人称のときだけです。１人称と２人称は主語か否かとは無関係にいつも同じ話者と相手を指すので，区別する必要がありません。ですから，再帰動詞にも人称代名詞をそのまま使います。

Je moet **je** wat **haasten**.　君はちょっと急ぐ必要があるよ。

再帰動詞の現在形人称変化をまとめて示してみましょう。

zich haasten　急ぐ

ik	haast **me**	wij	haasten **ons**
jij	haast **je**	jullie	haasten **je**
hij / zij / het	haast **zich**	zij	haasten **zich**
u haast **u/zich**			

mij / me, jou / je, jullie / je のように，人称代名詞の目的格の基本形と弱形（Les 7）の区別があるものは，**弱形 me / je / je** を使います。u（あなた〈がた〉）では u / zich の両方を使いますが，**主語の u の直後では zich**，**前置詞の直後では u** を使います（zich を使うのは，u が３人称単数形からの転用に由来するためです）。
なかには，**再帰動詞としてしか使えない**ものもあります。これは haasten（急がせる）→ zich haasten（急ぐ）のように他動詞を再帰動詞として使うのとは違って，**本来の再帰動詞**です。

zich bemoeien《ベムーイェ(ン)》（干渉する）　zich schamen《スはーメ(ン)》（恥じる）

zich vergissen《ヴェるひセ(ン)》（間違える）　zich gedragen《ヘドらーへ(ン)》（振る舞う）

Ze moeten **zich schamen**.　彼らは恥じるべきです。

Vergist u **zich** niet?　あなたは勘違いしていませんか。

066

(om) ... te-不定詞句

不定詞には，英語の *to* にあたる te を添えた **te-不定詞**もあります。それを使った **(om) ... te-不定詞句**（…すること）は文に相当する不定詞句で，従属文と同じく，**枠構造**をつくります。**te-不定詞は文末（＝右枠）**に置き，**om** は te-不定詞句の**先頭（＝左枠）**に置いて te-不定詞句を導入します。om は従属文の従属接続詞 dat（…ということ）に相当しますが，その使用はほとんど**任意**です。(om) ... te-不定詞句は**名詞の内容**を表したり，**主語・補語・目的語**（Les 15 文法）として使います。次例の **het** は (om) ... te-不定詞句を先取りして示す**形式的な代名詞**です。

	左枠	中域	右枠	
Het is moeilijk	**(om)**	een vreemde taal	**te leren**	.

外国語を（een vreemde taal）学ぶ（leren）ことは（(om) ... te）むずかしい。

その他の用例

Een vreemde taal is moeilijk **(om) te leren** .

外国語は学ぶことがむずかしい。

De leraar geeft hem het **advies** **(om)** een andere studie《ステューディ》 **te nemen** .

教師は彼に別の勉強をするようにという助言を与えます。

067

Les 13

お話をうかがいに行ってもいいですか。

Kan ik bij u komen praten?

B: meneer Bonnema　*R*: Rita

B : **Kinderdagverblijf《キンデるダはフェるブレイフ》 Wolstein《ヴぉルステイン》. Met《メト》 Bonnema《ボネマ》.**

R : **Met《メト》 Rita《りータ》 Koninck《コーニンク》. Ik《イク》 bel《ベル》 voor《ヴォーる》 uw《ユウ》 advertentie《アトフェるテンスィ〈…ツィ〉》 in《イン》 de《デ》 krant《クらント》. Kan《カン》 ik《イク》 van《ヴァン》 de《デ》 week《うぇーク》 een《エン》 keer《ケーる》 bij《ベイ》 u《ユー》 komen《コーメ(ン)》 praten《プらーテ(ン)》?**

B : **Ja《ヤー》, natuurlijk《ナテューるレク》. Vrijdag《ヴれイダは》 om《オム》 half《ハルフ》 tien《ティーン》, schikt《スひクト》 u《ユー》 dat《ダト》?**

R : **Ik《イク》 geloof《へローフ》 van《ヴァン》 wel《うぇル》. Momentje《モメンチェ》 .... Ja《ヤー》, dat《ダト》 lukt《リュクト》 wel《うぇル》.**

B : **Dan《ダン》 verwacht《ヴェるうぁはト》 ik《イク》 u《ユー》 aanstaande《アーンスターンデ》 vrijdag《ヴれイダは》 om《オム》 half《ハルフ》 tien《ティーン》 op《オプ》 ons《オンス》 kantoortje《カントーるチェ》. U《ユー》 vraagt《ヴらーはト》 bij《ベイ》 de《デ》 receptie《れセプスィー》 naar《ナーる》 mij《メイ》 en《エン》 u《ユー》 gaat《はート》 gewoon《へうぉーン》 daar《ダーる》 op《オプ》 de《デ》 bank《バンク》 zitten《ズィテ(ン)》. Dan《ダン》 kom《コム》 ik《イク》 u《ユー》 halen《ハーレ(ン)》.**

ボネマ氏：託児所ヴォルステインのボネマでございます。
リータ　：もしもし，リータ・コーニンクと申します。新聞の広告の件でお電話しているのですが。今週，一度，お話をうかがいに行ってもよろしいでしょうか。
ボネマ氏：ええ，もちろんですとも。金曜の９時半はご都合はいかがですか。
リータ　：さしつかえないと思いますが，しばらくお待ちください…はい，それでけっこうです。
ボネマ氏：それでは今度の金曜９時半に事務所でお待ちしています。受付で私の名前をおっしゃって，そこでおすわりになっていてください。お迎えに行きますので。

Met Bonnema. **– Met Rita Koninck.**	もしもし，ボネマです。 ―もしもし，リータ・コーニンクと申します。

電話では，受けた方もかけた方も Met ＋ 人名（もしもし…です）と答えます。

Kan ik van de week een keer bij u komen praten?	今週，一度，あなたのところに話しに行ってもいいでしょうか。

komen praten（話しに来る）という「助動詞＋不定詞」の表現に注意。van de week は「今週」，een keer は「一度」，bij u は「あなたのところへ」，kan ik ... は「…してもいいですか」。

Vrijdag om half tien, schikt u dat?	金曜の 9 時半，それはあなたに都合が良いですか。

dat（それは）は vrijdag om half tien（金曜の 9 時半）を受け直しています。schikken は「〈物事〉が〈人に〉適している」の意味。u dat（あなたにそれが）の語順は文法参照。

Ik geloof van wel. Momentje.	そう思いますが。しばらくお待ちください。

geloof は「思う」（geloven），van は断定をぼかすニュアンスを添えます（文法参照）。

Ja, dat lukt wel.	はい，それでけっこうですよ。

lukt は「〈物事が〉うまくいく」（lukken）の意味。wel は「…ね・よ」（Les 7 文法）。

aanstaande vrijdag om half tien	今度の金曜日 9 時半に

aanstaande（今度の）は現在分詞です。残りの文については，verwacht は「期待する，（…を）待つ」（verwachten），op het kantoortje は「事務所で」（kantoor の指小形），vraagt ... naar mij（私のことをたずねる，vragen），bij de receptie（受付で）となります。

U gaat gewoon daar op de bank zitten. Dan kom ik u halen.	そこで腰掛けにちょっとすわってください。 そうすれば，私はあなたを迎えに行きます。

gaat ... zitten は「すわる」（gaan zitten），kom ... halen は「迎えに行く（＝来る）」（komen halen）で，ともに「助動詞＋不定詞」の表現です。op de bank は「腰掛け・ベンチの上に」，gewoon（まあ，ちょっと）は話法の副詞（Les 7 文法）。

この課のポイント

068 助動詞＋不定詞

ダイアローグに出てきた komen praten（話しに来る）/kom...halen（迎えに来る）の **komen**（…しに来る）は，話法の助動詞（Les 8, 9）以外に，**不定詞を伴う助動詞**の例です。**不定詞**は**文末（＝右枠）**に置いて**枠構造**（Les 8 文法）をつくります。文末（＝右枠）の動詞群は komen praten（話しに来る）のように，**助動詞を前に置く**のでしたね（Les 11 文法）。komen（来る）が「行く」の意味になることについては，Les 11 文法参照。

前域	左枠	中域	右枠
Dan	**kom**	ik u	**halen.**
	Kan	ik van de week bij u	**komen praten**?

Dan kom ik u halen.：そうすれば，私はあなたをお迎えに行きます（＝来ます）。

Kan ik van de week bij u komen praten?：今週，お話しに伺ってもよろしいでしょうか。

ほかにも，**blijven**［ブレイヴェ(ン)］(…したままでいる)，**gaan**（…しに行く），**zijn**（…しに出かけている）があります。

Blijft u maar **zitten**.　すわったままでいなさいよ。

Zullen we nog wat **gaan wandelen《ヴぁンデレ(ン)》?**　少し散歩しに行きましょうか。

Ze **is** even koffie **halen**.　彼女はちょっとコーヒーを取りに行っています。

069 gaan staan（立ち上がる）/gaan zitten（すわる）/gaan liggen（横になる）

staan（立っている）/**zitten**（すわっている）/**liggen**（横たわっている）に gaan を添えると，状態から動作の意味に変わります。

Hij **zit** op de stoel.　彼はいすにすわっている。

Gaat u op de stoel **zitten**.　いすにすわってください。

Lig je nog in bed?　君はまだベッドで寝ているのかい。

Ze **gaat** op bed **liggen**.　彼女はベッドに横になります。

stellen（立てる），**zetten**（すえる，用意・準備する），**leggen**（置く）は目的語を伴います。

Zet de muziek wat zachter.　音楽を少し小さくしてください。

Zal ik koffie of thee **zetten**?　コーヒーか紅茶をいれましょうか。

070 現在分詞

動詞を形容詞のように使うための語形が分詞で，現在分詞と過去分詞があります。**現在分詞**は**能動・継続「…している」**の意味を表し，不定詞に **-d** ［ト］（または **-de** ［デ］）をつけます。-de をつけるのは，語幹＋ -n の１音節の動詞（Les 3 文法）や一部の慣用句の場合です。

不定詞	wachten《ヴぁはテ(ン)》（待つ）	doen《ドゥーン》（する）
現在分詞	wachten**d**(**e**)《ヴぁはテント〈デ〉》	doen**de**《ドゥーンデ》

現在分詞の用法は，形容詞と同じく，**名詞を修飾**したり，**副詞的**に使ったり，**名詞の代用**をすることに限られます。名詞を修飾するときと名詞の代用をするときには，形容詞と同じ要領で**語尾 -e/-en** をつけます（Les 10，Les 10 文法）。

De auto botst《ボット》 tegen een aan de kruising《クライスィング》 **wachtende** taxi .

自動車は 交差点で待っているタクシー にぶつかります。

Rillend van de kou《カウ》 gaat hij bij de kachel《カヘル》 zitten.

寒さに震えながら，彼はストーブのそばにすわります。　rillen 身震いする

Er zijn nog drie **wachtenden** voor u.

あなたの前にまだ３人お待ちの方がいらっしゃいます。

次の語は独自の意味の形容詞として固定した現在分詞です。このとき，**アクセントが後半部に移る**ことがあります（Les 1 この課のポイント）。zijn（…である）と使える現在分詞は，このように**形容詞化**した少数の語だけです。

aanstaande《アーンスターンデ》 woensdag《ヴーンズダは》　今度の水曜日
aanstaan［アーンスターン］気に入る，作動している

Dat is **uitstekend**《アイトステーケント》.　それはすばらしい。
uitsteken［アイトステーケ(ン)］突き出る，勝る

071

Les 14

君はたいていいつ起きるの。

Wanneer sta je meestal op?

F: Frans　*W*: Wietske

F : **Wietske《ゔぃーツケ》, Wanneer《ゔぁネーる》 sta《スター》 je《イェ》 meestal《メースタル》 op《オプ》?**

W : **Nou《ナウ》, ik《イク》 sta《スター》 om《オム》 zes《ゼス》 uur《ユーる》 op《オプ》. Ik《イク》 maak《マーク》 het《エト》 ontbijt《オンドベイト》 voor《ヴォーる》 mijn《メイン》 man《マン》 en《エン》 de《デ》 kinderen《キンデれ(ン)》 klaar《クラーる》 en《エン》 dan《ダン》 ga《はー》 ik《イク》 naar《ナーる》 kantoor《カントーる》. Na《ナー》 mijn《メイン》 werk《ゔぇるク》 begin《べひン》 ik《イク》 thuis《タイス》 aan《アーン》 het《エト》 huishouden《ハイスハウデ(ン)》 om《オム》 half《ハルフ》 zeven《ゼーヴェ(ン)》.**

F : **Je《イェ》 hebt《ヘプト》 dus《デュス》 heel《ヘール》 wat《ゔぁト》 te《テ》 doen《ドゥーン》.**

W : **Jawel《ヤーゔぇル》. Daarom《ダーろム》 wil《ゔぃル》 ik《イク》 in《イン》 het《エト》 weekend《ゔぃーケント》 uitslapen《アイトスラーペ(ン)》. Ik《イク》 mag《マは》 graag《ふらーは》 om《オム》 een《エン》 uur《ユーる》 of《オフ》 tien《ティーン》 opstaan《オプスターン》. We《ゔぇ》 ontbijten《オンドベイテ(ン)》 samen《サーメ(ン)》 op《オプ》 het《エト》 terras《テらス》 en《エン》 overleggen《オーヴェるレへ(ン)》 waar《ゔぁーる》 we《ゔぇ》 's avonds《サーヴォンツ》 gaan《はーン》 eten《エーテ(ン)》.**

フランス　：ヴィーツケ，君はたいてい何時に起きるの。
ヴィーツケ：そうねえ，6時に起きるわ。夫と子供たちに朝食を用意して，それからオフィスに出かけるの。仕事が終わると，家では6時半に家事を始めるのよ。
フランス　：それじゃあ，いろいろ大変だねえ。
ヴィーツケ：そうなのよ。だから週末は寝坊したいの。10時頃起きるのがいいわ。いっしょにテラスで朝食を取って，夜はどこで食事するか考えるのよ。

Wanneer sta je meestal op? – Nou, ik sta om zes uur op.	君はたいていいつ起きるの。 —そうねえ，私は６時に起きます。

sta ... op は分離動詞 opstaan（起きる），meestal は「たいてい」，nou は「まあ，さて」。

Ik maak het ontbijt voor mijn man en de kinderen klaar en dan ga ik naar kantoor.	私は夫と子供たちに朝食を用意して，それから私はオフィスに行きます。

het ontbijt は「朝食」，voor（…のために）は前置詞，maak ... klaar は分離動詞 klaarmaken（用意する，文法参照），naar kantoor は「オフィス・事務所へ」の意味。

Na mijn werk begin ik thuis aan het huishouden om half zeven.	仕事の後で，私は家で６時半に家事をすることを始めます。

na（…の後で）は前置詞，begin met ... は「…を始める」（beginnen）で，接頭辞動詞（接頭辞 be-，文法参照）。het huishouden（家事をすること）は分離動詞 huishouden（家事をする）の不定詞に定冠詞をつけて，名詞的に使っています（Les 18）。

Je hebt dus heel wat te doen.	それなら，君はやることがたくさんあるね。

直訳すると，「君は（je）したがって（dus）やるべき（te doen）たくさんのことを（heel wat）持っている（hebt）」となります（文法参照）。

Daarom wil ik in het weekend uitslapen.	だから，私は週末には十分に寝たいのです。

分離動詞 uitslapen（十分に眠る）が話法の助動詞 wil（…したい）と枠構造をつくっています。daarom は「だから」。

Ik mag graag om een uur of tien opstaan. We ontbijten samen op het terras en overleggen waar we 's avonds gaan eten.	私は 10 時頃起きるのが好きです。私たちはいっしょにテラスで朝食を取って，夜はどこに食事に行こうか考えるのです。

mag graag は「…することを好む」（mogen），om een uur of tien（10 時頃に）は Les 5 文法参照。samen は「いっしょに」，ontbijten（朝食をとる）と overleggen（熟考する）は接頭辞動詞（接頭辞 ont-，over-，文法参照）。gaan eten（食事をする予定だ）は未来の表現。

この課のポイント

072

分離動詞

動詞にたいてい前置詞と同形の**不変化詞**（次例では op）をつけて，全体で１語の動詞をつくるものがあります。

不定詞	**op**staan《オプスターン》（立ち上がる，起きる）	op（上へ）＋ staan（立つ）

辞書には opstaan で出ています。ただし，人称変化すると，主文では**動詞 staan が op から分離**して，文の２番目に来ます。命令形では文頭に来ます。

Ze **staat** elke dag om zes uur **op**.　彼女は毎日６時に起きます。
Sta elke dag om zes uur **op**!　毎日６時に起きなさい。

これを**分離動詞**といい，op の部分を**分離成分**といいます。アクセントは分離成分 op と動詞成分 staan の両方にありますが，分離成分のほうが目立つので，**分離成分にアクセント**を置いて発音を示します。**従属文**では分離動詞は全体で１語で**続け書き**して，文末に置きます。

Ik weet **dat** ze elke dag om zes uur **opstaat**.
私は彼女が毎日６時に起きることを知っています。

このように語順が変わるのは**枠構造**（Les11 文法）があるからで，opstaan は本質的には英語の *stand up* と同じです。なお，**te-不定詞**では op te staan のように**分かち書き**します。

主文：

話題 前域	定動詞 左枠	中域	動詞成分 右枠	
Ze	**staat**	elke dag om zes uur	**op** ＿.	彼女は毎日６時に起きます。
	Sta	elke dag om zes uur	**op** ＿!	毎日６時に起きなさい。
Ze	**moet**	elke dag om zes uur	**opstaan**.	彼女は毎日６時に起きなければいけません。

従属文：

	従属接続詞 左枠	中域	動詞成分 右枠
(Hij zegt)	**dat**	ze elke dag om zes uur	**opstaat**.
彼女は毎日６時に起きると（彼は言っています）。			
(Hij zegt)	**dat**	ze elke dag om zes uur	**moet opstaan**.
彼女は毎日６時に起きなければいけないと（彼は言っています）。			
(Het is lastig)	(**om**)	elke dag om zes uur	**op te staan**.
毎日６時に起きるのは（つらい）。			

073 未来の表現：gaan/zullen ＋不定詞

オランダ語では未来の出来事は現在形で表すのがふつうです。

Hij **komt** morgen.　彼は明日，来ます。

「未来形」というものはありません。ただし，近々，予定していることや予想されることには，助動詞 gaan ＋不定詞をよく使います。

Over drie dagen **gaan** we **verhuizen**《ヴェるハイゼ(ン)》.　３日後に私たちは引っ越します。

Morgen **gaat** het **regenen**.　明日は雨が降るでしょう。《天気予報》

これは「…しに行く」という意味の助動詞 gaan ＋不定詞（Les 13）とは別です。

Ik **ga** boodschappen《ボートスはペン》 **doen**.　私は買い物をしに行きます。

助動詞 gaan ＋不定詞は「…し始める」という開始の意味でも使います。

Waar denk je aan?　**Ga** maar **slapen**.　何を考えているの。早く寝なさいよ。

gaan slapen（就寝する，眠り始める）⟷ slapen（眠る，眠っている）

何らかの気持ちをこめるときには，話法の助動詞 zullen ＋不定詞を使います。たとえば，次の例は意志の表明および推量の表現になります。

Dit **zal** ik nooit **vergeten**《ヴェるヘーテ(ン)》.　このことを私はけっして忘れません。《意志》

Morgen **zal** het **regenen**.　明日は雨が降るだろうなあ。《推量》

074

Les 15

心配になりはじめてさ。

Ik begon me zorgen te maken.

S: Sayaka　*J*: Joop

S : **Wat《ヴぁト》 is《イス》 er《エる》 met《メト》 je《イェ》 aan《アーン》 de《デ》 hand《ハント》, Joop《ヨープ》?**

J : **Nou《ナウ》, ik《イク》 heb《ヘプ》 last《ラスト》 van《ヴァン》 mijn《メイン》 keel《ケーる》. Gisteren《ひステれ(ン)》 werd《ヴぇるト》 ik《イク》 midden《ミデ(ン)》 in《イン》 de《デ》 nacht《ナはト》 wakker《ヴぁケる》, omdat《オムダト》 ik《イク》 het《エト》 zo《ゾー》 heet《ヘート》 had《ハト》. Maar《マーる》 een《エン》 paar《パーる》 minuten《ミニューテ(ン)》 later《ラーテる》 rilde《りルデ》 ik《イク》 van《ヴァン》 de《デ》 kou《カウ》.**

S : **Heb《ヘプ》 je《イェ》 ook《オーク》 hoofdpijn《ホーフ(ト)ペイン》?**

J : **Ja《ヤー》, een《エン》 beetje《ベーチェ》. Gisteren《ひステれ(ン)》 had《ハト》 ik《イク》 ook《オーク》 buikpijn《バイクペイン》. Ik《イク》 dacht《ダはト》 eerst《エーるスト》 dat《ダト》 het《エト》 niets《ニーツ》 ernstigs《エるンスタはス》 was《ヴぁス》, maar《マーる》 ik《イク》 begon《べほン》 me《メ》 zorgen《ゾるへ(ン)》 te《テ》 maken《マーケ(ン)》.**

S : **Maak《マーク》 je《イェ》 geen《へーン》 zorgen《ゾるへ(ン)》. Als《アルス》 je《イェ》 in《イン》 bed《ベト》 blijft《ブレイフト》, gaat《はート》 het《エト》 vanzelf《ヴァンゼルフ》 wel《ヴぇル》 over《オーヴェる》.**

紗矢香：どうしたの，ヨープ。
ヨープ：いやあ，のどが痛くてさ。昨日，体がひどく熱くなって，真夜中に目が覚めたんだ。でも，数分したら，寒気がしてきて。
紗矢香：頭痛もするの？
ヨープ：うん，少しね。昨日はおなかも痛かったんだ。初めはたいしたことないと思ったんだけど，心配になりだしてさ。
紗矢香：心配しないことね。寝ていれば，自然になおるわよ。

Wat is er met je aan de hand?	どうしたの。

相手の様子をたずねる表現です。Wat is er aan de hand? は「何が起きたの」。

Nou, ik heb last van mijn keel.	いやあ，のどが痛くてさ。

last hebben van ＋ 名詞句で「…が痛い・不調だ」の意味（文法参照）。keel は「のど」。

Gisteren werd ik midden in de nacht wakker, omdat ik het zo heet had.	昨日，体がとても熱くなったので，ぼくは真夜中に目が覚めた。

werd ... wakker は wakker worden（目覚める），had は hebben（持っている）の過去形です。het heet hebben で「(体が) 熱い」の意味（Les 6），midden in de nacht は「真夜中に」，omdat（…だから）は従属接続詞（Les 11）です。

Maar een paar minuten later rilde ik van de kou.	でも，数分後に，ぼくは寒気で震えた。

rilde は rillen（震える）の過去形です。een paar ＋ 名詞複数形は「二三の…」（Les 17 文法），later は「…後に」（Les 10 文法），van de kou は「寒さから，寒さのために」の意味。

Heb je ook hoofdpijn?	頭痛もするの？

hoofdpijn hebben で「頭が痛い＝頭痛を（hoofdpijn）持っている（hebben）」の意味。buik（腹）を使えば，Ik heb buikpijn.（私はおなかが痛い）です（文法参照）。

Ik dacht eerst dat het niets ernstigs was, maar ik begon me zorgen te maken.	初めは何も深刻なことではないと，ぼくは考えていたが，心配になり始めた。

dacht は denken（考える），was は zijn（…である），begon は beginnen（…し始める，文法参照）の過去形。eerst は「初めは」，niets ernstigs は「何も（niets）深刻な（ernstigs ← ernstig）こと（ではない）」（文法参照），zich zorgen maken（心配する）は再帰動詞（自分に（zich）心配を（zorgen ← zorg）つくる（maken））の意味。

Als je in bed blijft, gaat het vanzelf wel over.	寝ていれば，自然になおるわよ。

直訳：「君が（je）ベッドに（in bed）とどまる（blijft ← blijven）ならば（als），それは（het）ひとりでに（vanzelf）なくなる（gaat ... over ←分離動詞 overgaan）よ（wel）」

この課のポイント

動詞の３基本形

「不定詞－過去形単数－過去分詞」を動詞の３基本形といい，次の種類があります。

ⓐ 弱変化動詞（規則動詞・不規則動詞）

弱変化とは「あまり変化しない」という意味で，大多数が規則動詞です。過去形 / 過去分詞は，語幹が無声子音 **t/k/f/s/ch/p** で終わると -te/-t，それ以外の有声子音では **-de** [デ]/**-d** [ト] をつけます。過去分詞は，語頭に無アクセントの **ge-** [へ] もつけます。

不定詞 語幹 -en	過去形単数 語幹 -te/-de	過去分詞 ge- 語幹 -t/-d
maken《マーケ(ン)》 つくる	maakte《マークテ》	gemaakt《ヘマークト》
studeren《ステュデーれ(ン)》 (大学で) 勉強する	studeerde《ステュデーるデ》	gestudeerd《へステュデーるト》

-ven/-zen と -ten/-den で終わる動詞では，つづりと発音に注意してください。

leven《レーヴェ(ン)》 生きる	leefde《レーヴデ》	geleefd《へレーフト》	(発音規則２)
reizen《れイゼ(ン)》 旅行する	reisde《れイズデ》	gereisd《へれイスト》	(発音規則２)
wachten《ヴぁはテ(ン)》 待つ	wachtte《ヴぁはテ》	gewacht《へヴぁはト》	(発音規則４)
hoeden《フーデ(ン)》 保護する	hoedde《フーデ》	gehoed《へフート》	(発音規則１，４)

このほかに少数の不規則動詞があり，語幹の部分が変化します。

語幹 -en	語幹 -t	ge- 語幹 -t
denken《デンケ(ン)》 考える	dacht《ダはト》	gedacht《へダはト》
kopen《コーペ(ン)》 買う	kocht《コほト》	gekocht《へコほト》

ⓑ 強変化動詞（不規則動詞）

強変化とは「激しく変化する」という意味で，すべて不規則動詞です。語幹，とくに語幹母音の変化が特徴です。過去形単数は無語尾，過去分詞は **ge-** がついて **-e(n)** で終わります。過去形単数の語幹母音が **a** [ア] のときには，過去形複数ではたいてい **a** [アー] と長くなります。つづりや発音の変化を伴うので，過去形複数も示しておきましょう。

語幹 -(e)n	語幹（単数 / 複数 -en）	ge- 語幹 -(e)n
worden …になる ヴぉるデ(ン)	**werd/werden** ヴぇるト ヴぇるデ(ン)	**geworden** へヴぉるデ(ン)
blijven とどまる ブレイヴェ(ン)	**bleef/bleven** ブレーフ ブレーヴェ(ン)	**gebleven** へブレーヴェ(ン)
gaan 行く はーン	**ging/gingen** ひング ひンゲ(ン)	**gegaan** へはーン
spreken 話す スプれーケ(ン)	**sprak/spraken** スプらク スプらーケ(ン)	**gesproken** へスプろーケ(ン)

次の三つの動詞の変化にはとくに注意してください。

zijn …である，…がある・いる ゼイン	**was/waren** ヴぁス ヴぁーれ(ン)	**geweest** へヴぇースト
hebben 持っている へベ(ン)	**had/hadden** ハト ハデ(ン)	**gehad** へハト
doen する ドゥーン	**deed/deden** デート デーデ(ン)	**gedaan** へダーン

過去形の人称変化

maken（つくる）→ maakte（つくった）《弱変化・規則動詞》

ik / jij / hij	**maakte**	wij / jullie / zij	**maakten**
u **maakte**			

denken（考える）→ dacht（考えた）《弱変化・不規則動詞》

ik / jij / hij	**dacht**	wij / jullie / zij	**dachten**
u **dacht**			

blijven（とどまる）→ bleef（とどまった）《強変化・不規則動詞》

ik / jij / hij	**bleef**	wij / jullie / zij	**bleven**
u **bleef**			

075

Les 16

昨夜はよく眠ったかい。

Heb je vannacht lekker geslapen?

J: Jeroen　*S*: Sayaka

J : **Heb《ヘプ》 je《イェ》 vannacht《ヴァナはト》 lekker《レケる》 geslapen?《ヘスラーペ(ン)》**

S : **Jazeker.《ヤーゼーケる》 Gisteravond《ひステるアーヴォント》 was《うぁス》 ik《イク》 vreselijk《ヴれーセレク》 moe《ムー》 na《ナー》 onze《オンゼ》 lange《ランゲ》 fietstocht.《フィーツトほト》 We《うぇ》 hebben《へべ(ン)》 gisteren《ひステれ(ン)》 een《エン》 flink《フリンク》 eind《エイント》 gefietst.《ヘフィーツト》**

J : **O《オー》 ja.《ヤー》 Waar《うぁーる》 zijn《ゼイン》 jullie《ユリ》 naartoe《ナーるトゥー》 geweest?《ヘうぇースト》**

S : **Eerst《エーるスト》 zijn《ゼイン》 we《うぇ》 langs《ラングス》 de《デ》 kust《キュスト》 richting《りふティング》 Blankenberge《ブランケ(ン)べるへ》 gefietst.《ヘフィーツト》 En《エン》 vandaar《ヴァンダーる》 zijn《ゼイン》 we《うぇ》 naar《ナーる》 Brugge《ブりゅへ》 gereden.《へれーデ(ン)》**

J : **Hebben《へべ(ン)》 jullie《ユリ》 nog《ノほ》 het《エト》 Groeningemuseum《ふるーニンゲ・ミュゼー(ィ)ユム》 bezocht?《ベゾほト》**

S : **Ja!《ヤー》 Zo'n《ゾーン》 prachtig《プらはタは》 museum《ミュゼー(ィ)ユム》 hadden《ハデ(ン)》 we《うぇ》 nog《ノほ》 nooit《ノーイト》 gezien.《ヘズィーン》**

イエルーン：昨夜はよく眠ったかい。
紗矢香　　：ええ，もちろん。昨日の晩は，私たちの長い自転車旅行が終わって，すごく疲れていたから。昨日はかなりの距離をサイクリングしたわ。
イエルーン：どこへ行ってきたんだい。
紗矢香　　：最初に，海岸に沿ってブランケンベルへの方向にサイクリングしたの。それで，そこからブリュージュに行ったのよ。
イエルーン：フルーニンゲ美術館は訪ねてみたかい。
紗矢香　　：ええ！ あんなにすばらしい美術館は今まで一度も見たことがなかったわ。

Heb je vannacht lekker geslapen?	君は昨夜はよく眠ったかい。

heb ... geslapen（眠った）は slapen（眠る）の現在完了形で，昨夜（vannacht）の出来事を表しています（文法参照）。lekker は「快適に」。

Gisteravond was ik vreselijk moe na onze lange fietstocht.	昨晩，私は私たちの長い自転車旅行の後ですごく疲れていました。

was（…だった）は zijn（…である）の過去形，vreselijk は「すごく」，moe は「疲れて」，na は「…の後で」，fietstocht は「自転車（fiets）の旅（tocht）」です。

We hebben gisteren een flink eind gefietst.	私たちは昨日，かなりの距離をサイクリングしました。

hebben ... gefietst（サイクリングした）は fietsen（サイクリングする）の現在完了形で，昨日（gisteren）の出来事を表しています（文法参照）。flink は「かなりの」，eind は「距離」。

Waar zijn jullie naartoe geweest?	君たちはどこへ行ってきたの。

zijn ... geweest は zijn（いる）の現在完了形で「いた」の意味ですが，waar ... naartoe（どこへ）と使うと「行った」の意味です。運動の動詞については文法参照。

Eerst zijn we ... gefietst. En vandaar zijn we ... gereden.	最初に，私たちは…にサイクリングしました。 そしてそこから…へ行きました。

「海岸（de kust）に沿って（langs）ブランケンベルへの方向に（richting）」,「ブリュージュへ（naar）」のように場所の移動を表わす語句があると, 自動詞の完了の助動詞は zijn です。gereden は rijden「(乗物で）行く」の過去分詞。ともにフランドル地方の地名。

Hebben jullie nog het Groeningemuseum bezocht?	君たちはフルーニンゲ美術館を訪れてみたかい。

hebben ... bezocht（訪れた）は bezoeken（訪れる）の現在完了形です。

Zo'n prachtig museum hadden we nog nooit gezien.	あんなにすばらしい美術館は私たちは今まで一度も見たことがありませんでした。

zo'n + 可算名詞単数形は「そんな・あんな…」（文法参照），prachtig は「すばらしい」，nog nooit は「まだ一度も（…ない)」の意味。hadden ... gezien（見たことがあった）は zien「見る」の過去完了形です。

現在完了形と完了の助動詞 hebben / zijn

完了の助動詞 **hebben / zijn** が過去分詞を伴ったものが完了形です。hebben / zijn を現在形にすると現在完了形になり，過去の出来事を広く表します。話法の助動詞（Les 8, 9）と同じく，過去分詞を文末（＝右枠）に置いて枠構造をつくります。

前域	左枠	中域	右枠	
Ik	**heb**	gisteren een museum	**bezocht**.	（bezoeken）
私は昨日，美術館をたずねました。				
Ik	**heb**	gisteren twee uur	**gefietst**.	（fietsen）
私は昨日，２時間サイクリングしました。				
Ik	**ben**	gisteren naar Brugge	**gefietst**.	（fietsen）
私は昨日，ブリュージュにサイクリングしました。				

完了の助動詞 **hebben / zijn** は動詞ごとに使い分けます。これを **hebben-支配** / **zijn-支配**といい，次の基準によります。

① 他動詞（名詞句目的語を伴う動詞）・再帰動詞：hebben-支配

bezoeken（訪問する），hebben（持っている），zien（見る）；zich haasten（急ぐ），zich vervelen（退屈する）（Les 17）など

② 場所の移動・状態の変化を表す自動詞：zijn-支配

gaan（行く），komen（来る），opstaan（立ち上がる），vertrekken（出発する）；beginnen（始まる），sterven（死ぬ），worden（…になる）など

Hij **is** op tijd **gekomen**.　彼は時間どおりに来ました。
Ze **is** jong **gestorven**.　彼女は若死にしました（＝若くして死んだ）。

③ それ以外の自動詞：hebben-支配

leven（生きる），rusten（休む），slapen（眠る），staaan（立っている）など

前置詞句目的語を伴う動詞も③に含まれます。

denken（考える（aan …を）），wachten（待つ（op …を））など

De koning **heeft** lang **geleefd**.　王様は長生きしました。
Ik **heb** vaak aan jou **gedacht**.　私はよく君のことを考えました。

同じ動詞でも，意味によって **hebben-支配**と **zijn-支配**のどちらにもなることがあります。

たとえば，上例の自動詞 fietsen（サイクリングする）は，「ブリュージュまでサイクリングした」ではブリュージュに移動したことになるので，「zijn-支配」ですが，たんに「2 時間サイクリングした」では場所の移動を明示しないので，「hebben-支配」です。

zijn（…である，…がある・いる），**blijven**（とどまる）は**例外的に zijn-支配**です。hebben（h.）/ zijn（is）の選択は辞書で確認しましょう。

077 過去完了形

完了形の助動詞 hebben / zijn を**過去形**にしたのが**過去完了形**です。過去の特定の時点までに終わった出来事を表します。

Zoiets interessants **hadden** we nog nooit **gezien**.
そんなおもしろいものは，私たちはそれまで一度も見たことがありませんでした。 zien

Voordat de telefoon ging, **waren** ze al **vertrokken**.
電話が鳴る前に，彼らはもう出発してしまっていました。 vertrekken

現在完了形・過去完了形の人称変化

werken（働く）（hebben-支配）

ik	**heb / had** ... gewerkt	wij	**hebben / hadden** ... gewerkt
jij	**hebt / had** ... gewerkt	jullie	
	(**heb / had** jij ... gewerkt)		
hij	**heeft / had** ... gewerkt	zij	
u	**hebt, heeft / had** ... gewerkt		

komen（来る）（zijn-支配）

ik	**ben / was** ... gekomen	wij	**zijn / waren** ... gekomen
jij	**bent / was** ... gekomen	jullie	
	(**ben / was** jij ... gekomen)		
hij	**is / was** ... gekomen	zij	
u	**bent / was** ... gekomen		

078

Les 17

私たち，まったく退屈しなかったもの。

We hebben ons geen ogenblik verveeld.

R: Ruud　*S*: Sayaka

R : Zijn《ゼイン》 jullie《ユリ》 lang《ラング》 in《イン》 Brugge《ブりゅへ》 gebleven?《ヘブレーヴェ(ン)》

S : Nee.《ネー》 Nadat《ナーダト》 we《うぇ》 op《オプ》 het《エト》 terras《テらス》 van《ヴァン》 een《エン》 café《カフェー》 een《エン》 poosje《ポーシェ》 gerust《へりゅスト》 hadden,《ハデ(ン)》 zijn《ゼイン》 we《うぇ》 doorgereden.《ドーるへれーデ(ン)》

R : Wat《うぁト》 jammer《ヤメる》 dat《ダト》 jullie《ユリ》 niet《ニート》 meer《メーる》 van《ヴァン》 Brugge《ブりゅへ》 gezien《ヘズィーン》 hebben!《ヘベ(ン)》 Daar《ダーる》 zijn《ゼイン》 nog《ノほ》 heel《ヘール》 wat《うぁト》 interessante《インテれサンテ》 dingen《ディンゲ(ン)》 te《テ》 zien.《ズィーン》

S : Je《イェ》 hebt《ヘプト》 gelijk.《ヘレイク》 Maar《マーる》 er《エる》 was《うぁス》 niets《ニーツ》 aan《アーン》 te《テ》 doen,《ドゥーン》 want《うぁント》 we《うぇ》 wilden《うぃルデ(ン)》 nog《ノほ》 naar《ナーる》 Oostende.《オーステンデ》 Die《ディー》 tocht《トほト》 was《うぁス》 echt《エへト》 de《デ》 moeite《ムーイテ》 waard.《うぁーるト》 We《うぇ》 hebben《ヘベ(ン)》 ons《オンス》 geen《ヘーン》 ogenblik《オーヘ(ム)ブリク》 verveeld.《ヴェるヴェールト》

リュート：ブリュージュには長い間，いたのかい。
紗矢香　：いいえ。カフェのテラスでひと休みした後，先を急いだの。
リュート：ブリュージュをもっと見なかったなんて，なんてもったいない！ あそこではまだたくさんおもしろいものが見られるのに。
紗矢香　：でも，しかたなかったの。オーステンデにも行きたかったし。あの旅行は本当に苦労のかいがあったわ。私たち，まったく退屈しなかったもの。

Zijn jullie lang in Brugge gebleven?	君たちはブリュージュに長い間いたのかい。

zijn ... gebleven（とどまった）は blijven（とどまる）の現在完了形です。lang は「長い間」。

Nadat we ... een poosje gerust hadden, zijn we doorgereden.	私たちは…ひと休みした後で，先を急ぎました。

nadat（…した後で）に導かれた従属文末の動詞群 gerust hadden（休息した，文法参照）は rusten（休息する）の過去完了形，後半の主文の zijn ... doorgereden（先へ進んだ）は分離動詞 doorrijden（先へ進む）の現在完了形です。een poosje は「しばらく」。

Wat jammer dat jullie niet meer van Brugge gezien hebben!	君たちがブリュージュについてそれ以上見なかったというのは，何と残念なことか。

wat jammer + dat-従属文「…というのは何と残念なことか」は感嘆文（Les 6）。従属文末の動詞群 gezien hebben（見た，文法参照）は zien（見る）の現在完了形。Brugge は町全体が美術館とたたえられる，フランドル地方で最も美しい世界遺産の古都です。

Daar zijn nog heel wat interessante dingen te zien.	あそこではまだたくさん興味深いものが見られます。

heel wat は「たくさん」（文法参照），ding は「もの」，zijn ... te zien は「見られる」。

Je hebt gelijk. Maar er was niets aan te doen, want we wilden nog naar Oostende.	あなたは正しいです。しかし，しかたなかったのです。私たちはオーステンデにも行きたかったので。

gelijk hebben は「正しい」，er was niets aan te doen は「それ（er）については（aan）何も（niets）なされ得なかった（was ... te doen）」で，「しかたなかった」の意味。want は並列接続詞（というのは…だから），Oostende は北海沿岸の高級保養地。

Die tocht was echt de moeite waard.	あの旅行は本当に苦労のかいがありました。

de moeite（苦労）は形容詞 waard「…の価値がある」の目的語（文法参照）です。

We hebben ons geen ogenblik verveeld.	私たちは一瞬たりとも退屈しませんでした。

再帰動詞 zich vervelen（退屈する）の現在完了形です。geen ogenblik は「一瞬も…ない」。

この課のポイント

分離動詞の３基本形

分離動詞の３基本形は，分離成分を除いた動詞の部分を変化させてから，分離成分を加えます。過去分詞は１語で続け書きします。

不定詞	過去形単数／複数	過去分詞
rijden《れイデ(ン)》（車・列車などで行く）	reed《れート》/reden《れーデ(ン)》	gereden《へれーデ(ン)》
doorrijden《ドーれイデ(ン)》（車・列車などで先に進む）	reed/reden ... **door**	**door**gereden《ドーるへれーデ(ン)》
eten《エーテ(ン)》（食べる）	at《アト》/aten《アーテ(ン)》	gegeten《へへーテ(ン)》（例外的な g- の付加に注意）
opeten《オプエーテ(ン)》（食べつくす）	at ... **op**/aten ... **op**	**op**gegeten《オプへへーテ(ン)》

再帰動詞の完了形

再帰動詞（Les 12）の完了形は **hebben-支配**です。以下に現在完了形 / 過去完了形の順番で人称変化を示します。

zich vervelen（退屈する）←vervelen（…を退屈させる）

退屈した（現在完了形）/ していた（過去完了形）

ik	**heb / had**	me	verveeld
jij	**hebt/had**	je	verveeld
	(**heb/had** jij	je	verveeld)
hij	**heeft/had**	zich	verveeld
u	**hebt, heeft/had**	u/zich	verveeld
we		ons	verveeld
jullie	**hebben/hadden**	je	verveeld
zij		zich	verveeld
u	**hebt, heeft/had**	u/zich	verveeld

079 te-不定詞＋zijn（…され得る，…されるべきだ）

te-不定詞 ＋ zijn は受動の可能・義務の意味を表します。te-不定詞は文末（＝右枠）に置いて，枠構造をつくります。

前域	左枠	中域	右枠
Die vis	**is**	niet meer	**te eten**.
あの魚はもう食べられません（＝食べられることができない）。			
Daar	**zijn**	nog veel dingen	**te zien**.
あそこではまだたくさんのものが見られます。			

次の例では，形容詞 gemakkelijk ［ヘマケレク］（簡単な）が「簡単に」という副詞用法（Les 2 文法）で is ... te vinden（見つけられる）を修飾しています。

Haar adres **is gemakkelijk te vinden**.
彼女の住所は簡単に見つけられます。 vinden 見つける

te-不定詞を名詞の前に置いて，名詞を修飾する形容詞のように，「…されるべき・され得る〈名詞〉」という意味でも使います。

Die te nemen beslissing《ベスリスィング》 is erg moeilijk.
あの採択されるべき決定は非常に困難です。 nemen 取る，採択する

om ... te-不定詞を zijn と使うと，能動の意味になり，zijn の補語になったり，形容詞の意味を補足したりします。

Deze muziek **is om gek van te worden**.
この音楽には夢中になってしまいます（＝夢中になるべきものだ）。 gek 夢中な（van …に）

Dit huis **is** niet **prettig om in te wonen**.
この家は（その中で）住むには快適ではありません。 wonen 住む（in …に）

次の om ... te-不定詞は名詞を修飾する形容詞の意味を補足しています。

Dit is **een interessant**《インテれサント》 **programma**《プろふらマ》 **om naar te kijken**.
これは見るのにはおもしろい番組です。 kijken 見る（naar …を）

080

Les 18

いろいろおいしいものを食べるのさ。

Er wordt uitgebreid en lekker gegeten.

S: Sayaka　*R*: Rob

S : **Rob《ろブ》, vertel《ヴェるテル》 me《メ》 eens《エーンス》 iets《イーツ》 over《オーヴェる》 Sint-Nicolaas《スィントニコラース》.**

R : **Dat《ダト》 is《イス》 een《エン》 kinderfeest《キンデる・フェースト》. Volgens《ヴォルヘンス》 de《デ》 legende《レヘンデ》 was《うぁス》 Sint-Nicolaas《スィントニコラース》 of《オフ》 Sinterklaas《スィンテるクラース》 een《エン》 groot《ふろート》 kindervriend《キンデる・ヴりーント》 en《エン》 zijn《ゼイン》 verjaardag《ヴェるヤーるダは》 wordt《うぉるト》 op《オプ》 5《ヴェイフ》 december《デセムべる》 met《メト》 het《エト》 geven《ヘーヴェ(ン)》 van《ヴァン》 cadeautjes《カドーチェス》 gevierd《ヘヴィーるト》.**

S : **Wat《うぁト》 is《イス》 het《エト》 verschil《ヴェるスひル》 met《メト》 het《エト》 kerstfeest《ケるス(ト)フェースト》?**

R : **Kerstmis《ケるス(ト)ミス》 is《イス》 bij《ベイ》 uitstek《アイトステク》 een《エン》 gezinsfeest《ヘズィンスフェースト》. Op《オプ》 25《ヴェイフ・エン・トヴィンタは》 en《エン》 26《ゼス・エン・トヴィンタは》 december《デセムべる》 maakt《マークト》 men《メン》 het《エト》 huis《ハイス》 zo《ゾー》 gezellig《ヘゼラは》 mogelijk《モーヘレク》 en《エン》 er《エる》 wordt《うぉるト》 uitgebreid《アイトヘブれイト》 en《エン》 lekker《レケる》 gegeten《ヘヘーテ(ン)》.**

紗矢香：ロブ，聖ニコラス祭について何か教えてちょうだい。
ロブ　：それは子供のお祭りだよ。伝説によると，聖ニコラス，つまりシンテルクラースは大の子供好きだったそうで，誕生日の 12 月 5 日にはプレゼントをあげて祝うんだ。
紗矢香：クリスマスのお祝いとの違いは何なの。
ロブ　：クリスマスはおもに家族で祝うものだよ。12 月 25 日と 26 日には家をできるだけ快適にして，いろいろおいしいものを食べるのさ。

Vertel me eens iets over Sint-Nicolaas.	聖ニコラス祭について私に何か語ってよ。

vertel は vertellen（語る）の命令形，eens は「ちょっと，…よ」，over は「…について」。

Volgens de legende was Sint-Nicolaas of Sinterklaas een groot kindervriend.	伝説によると，聖ニコラス，つまりシンテルクラースは大の子供好きでした。

Sinterklaas はオランダ版サンタクロースで，人気者の黒人の少年ピート（Zwarte Piet）を連れて白馬にまたがり，スペインから船に乗ってやって来ます。kindervriend（子供好き）は kind（子供）と vriend（友人）の複合語で，-er- は「つなぎの要素」です（文法参照）。

Zijn verjaardag wordt op 5 december met het geven van cadeautjes gevierd.	彼の誕生日は 12 月 5 日にプレゼントをあげて祝われます。

wordt ... gevierd（祝われる）は vieren（祝う）の受動態です。「プレゼント（指小形 cadeautjes ← cadeau 発音注意）の（van）授与（het geven）で（met）」の het geven は，不定詞 geven（与える）の名詞用法です。verjaardag は「誕生日」。

Wat is het verschil met het kerstfeest? – Kerstmis is bij uitstek een gezinsfeest.	クリスマスのお祝いとの違いは何ですか。―クリスマスはとくに家族のお祝いです。

het verschil met ... は「…との違い」，bij uitstek は「とくに」。kerstfeest（クリスマスの祝い）/gezinsfeest（家族の祝い）は Kerst(mis)（クリスマス）/gezin（家族）と feest（祝い）の複合語，gezinsfeest の -s- は「つなぎの要素」（文法参照）です。

Op 25 en 26 december maakt men het huis zo gezellig mogelijk.	12 月 25 日と 26 日には家をできるだけ快適にします。

men は不定代名詞で世間一般の人々を指します（文法参照）。zo gezellig mogelijk（できるだけ快適に）は zo ＋ 形容詞 ＋ mogelijk（できるだけ…）による表現（Les 10 文法）。

Er wordt uitgebreid en lekker gegeten.	いろいろおいしく食事をします。

er wordt ... gegeten は自動詞 eten（食べる）の受動態で，「食事がなされる」が直訳です。uitgebreid/lekker は形容詞「幅広い」／「おいしい」の副詞用法で，「幅広く」／「おいしく」の意味（Les 2 文法），uitgebreid は過去分詞に由来します（文法参照）。

この課のポイント

081 受動態

受動態は受動の助動詞 **worden** [ゔぉるデ(ン)] と過去分詞でつくります。worden を現在形にすると「…される」，過去形にすると「…された」の意味になります。過去分詞は文末（＝右枠）に置いて枠構造をつくります。行為者は必要に応じて **door**（…によって）で表します。受動態にできるのは，状態や性質ではなく，動作を表す動詞です。完了形は **zijn** の現在形/過去形 ... 過去分詞（…された /…されていた）で表し，worden の過去分詞はつけません。

例．feliciteren [フェリスィテーれ(ン)] …を祝福する（met …について）

前域	左枠	中域	右枠	
Ze	**wordt**	door allen met haar huwelijk	**gefeliciteerd.**	《現在形》
彼女はみんなに結婚を（＝結婚について）祝福されます。				
Ze	**werd**	door allen met haar huwelijk	**gefeliciteerd.**	《過去形》
彼女はみんなに結婚を祝福されました。				
Ze	**is**	door allen met haar huwelijk	**gefeliciteerd.**	《現在完了形》
彼女はみんなに結婚を祝福されました。				
Ze	**was**	door allen met haar huwelijk	**gefeliciteerd.**	《過去完了形》
彼女はみんなに結婚を祝福されていました。				

次は受動態現在完了形の例です。２番目の例は未来の意味になります（Les 16 文法）。

Rome **is** niet op één dag **gebouwd.**

ローマは１日にして成らず（＝１日で建設されたのではない）。　bouwen 建設する

Je mag niet spelen, voordat je huiswerk **gemaakt is.**

おまえは宿題がすむまで（＝おまえの宿題がなされてしまう前に）遊んではいけないよ。

maken する，つくる

082 自動詞の受動態（非人称受動）と「虚辞の er」

動作を表せば，自動詞の受動態もできます。「…する」としか訳せなくても，あくまで受動態です。主語はなくなるので，非人称受動とも言います。文頭（＝前域）には虚辞の **er**（Les 4 文法）を置きます。文中（＝中域）での er の使用はかなり自由です。

前域	左枠	中域	右枠
Er	**wordt**	in deze tijd heel sober	**geleefd.**
In deze tijd	**wordt**	（**er**）heel sober	**geleefd.**

この時期はとても質素に生活します（＝生活がなされる）。　leven 生活する，生きる

その他の用例

Er wordt aan de deur **geklopt**.

ドアをノックする音がします（＝ドアをノックすることがなされる）。　kloppen ノックする

Nu **wordt er geslapen**!

もう寝るんですよ（＝今，眠ることがなされる）！　slapen 眠る

他動詞の受動態でも**虚辞の er** を使うことがあります。この er は，文中の新情報である未知の主語（次例では veel koffie（多くのコーヒー））を自然な形で導入します（Les 4 文法）。

Er wordt in Nederland veel koffie **gedronken**.

オランダではたくさんコーヒーを飲みます（＝コーヒーが飲まれる）。　drinken 飲む

主語としてはたらく**従属文**を先取りして示すときに，その内容が**不確定**の場合には **er**，**事実**の場合には **het** を使います。

Er wordt gezegd dat hij heel rijk is.

彼はとても裕福だと言われています。　zeggen［ゼへ(ン)］言う

Het wordt niet erg **gewaardeerd** dat hij hard gewerkt heeft.

彼が一生懸命働いたことはあまり評価されません。

waarderen［ゔぁーるデーれ(ン)］評価する

083 不定詞の名詞用法

不定詞は助動詞構文や命令文（Les 7 文法）のほかに，**名詞的**にも使います。

Sporten《スポるテ(ン)》 is gezond《ヘゾント》.　スポーツをするのは健康的です。　sporten スポーツをする

Het is een half uur **fietsen**.

自転車で30分です（＝0.5時間の自転車走行です）。　fietsen 自転車で行く

不定詞は前置詞とも使えます。

Pas op **met sporten**!　**Van sporten** met koude spieren krijg je spierpijn《スピーるペイン》.

スポーツをするときには注意しなさい。筋肉が冷えたままでスポーツをすると（＝冷えた筋肉でスポーツをすることから），筋肉痛になります。

不定詞に中性単数の**定冠詞 het** がつくこともあります。

Kunt u me alstublieft helpen bij **het duwen**《デューゔぇ(ン)》?

どうか押すのを手伝っていただけますか。　duwen 押す

084

Les 19

市場にニシンの屋台が立っているのを見たのよ。

Op het marktplein heb ik een haringkarretje zien staan.

S: Sayaka　*W*: Wim

S : **Weet《ゔぇート》 je《イェ》 wat《ゔぁト》 ik《イク》 vanmiddag《ヴァミダは》 gegeten《ヘヘーテ(ン)》 heb《ヘプ》?**

W : **Het《エト》 zal《ザル》 wel《ゔぇル》 een《エン》 broodje《ブろーチェ》 kaas《カース》 geweest《ヘゔぇースト》 zijn《ゼイン》.**

S : **Nee《ネー》, mis《ミス》. Weet《ゔぇート》 je《イェ》 nog《ノほ》? Je《イェ》 hebt《ヘプト》 wel《ゔぇル》 eens《エーンス》 gezegd《ヘゼヘト》 dat《ダト》 ik《イク》 ook《オーク》 eens《エーンス》 een《エン》 verse《ヴェるセ》 haring《ハーりング》 moet《ムート》 proberen《プろベーれ(ン)》. En《エン》 vanmiddag《ヴァミダは》 heb《ヘプ》 ik《イク》 op《オプ》 het《エト》 marktplein《マるクトプレイン》 een《エン》 haringkarretje《ハーりング・カれチェ》 zien《ズィーン》 staan《スターン》.**

W : **Kon《コン》 je《イェ》 zien《ズィーン》 of《オフ》 er《エる》 mensen《メンセ(ン)》 stonden《ストンデ(ン)》 te《テ》 wachten《ゔぁはテ(ン)》?**

S : **Ja《ヤー》. Er《エる》 stonden《ストンデ(ン)》 veel《ヴェール》 mensen《メンセ(ン)》 haring《ハーりング》 te《テ》 eten《エーテ(ン)》. Ik《イク》 heb《ヘプ》 ook《オーク》 een《エン》 kleine《クレイネ》 met《メト》 uitjes《アイチェス》 gekocht《ヘコほト》 en《エン》 op《オプ》 straat《ストらート》 opgegeten《オプヘヘーテ(ン)》.**

紗矢香：今日のお昼に私が何を食べたか，知ってる？
ヴィム：どうせチーズサンドだったんだろう。
紗矢香：残念でした。覚えてる？あなた，私も生ニシンの塩漬けをぜひ試してみろって言ってたじゃない。それで，今日のお昼に市場にニシンの屋台が立ってるのを見たのよ。
ヴィム：人だかりができて待っていたか，わかったかい。
紗矢香：ええ。おおぜい人がニシンを食べていたわ。私もタマネギを添えた小さなのを買って，道端で平らげたの。

Weet je wat ik vanmiddag gegeten heb?	今日の昼に私が何を食べたか，知ってる？

「私が今日の昼に（vanmiddag）何を（wat）食べたか（gegeten heb ← eten）」という間接疑問文が Weet je（君は知っていますか← weten）の目的語になっています。

Het zal wel een broodje kaas geweest zijn.	それはたぶんチーズサンドだったのだろう。

zal ... geweest zijn は「…だった（geweest zijn ← zijn）のだろう（zal ← zullen）」，broodje（サンドイッチ）は brood（パン）の指小形（Les 6），kaas は「チーズ」。

Je hebt wel eens gezegd dat ik ook eens een verse haring moet proberen.	あなたは私も生ニシンの塩漬けをぜひ試してみろって言ったでしょう。

dat-従属文（…ということ）は heb ... gezegd（言った← zeggen）の目的語，eens は「一度，ちょっと」，vers は「新鮮な」，haring は「ニシン」，proberen は「試食する」です。moet proberen の語順に注意（文法参照）。

... heb ik op het marktplein een haringkarretje zien staan.	…私は市場にニシンの屋台が立っているのを見ました。

heb ... zien staan は「立っている（staan）のを見た（heb ... zien）」で，zien は知覚の助動詞の代替不定詞です（文法参照）。karretje は kar「屋台，荷車」の指小形。

Kon je zien of er mensen stonden te wachten?	君は人々が立って待っていたか，わかったかい。

of-従属文（…かどうか）が zien（見る，わかる）の目的語になっています。er は「虚辞の er」，mensen は mens（人）の複数形，stonden te wachten は進行形の表現 staan te wachten（（立って）待っている）の過去形で，語順に注意（文法参照）。

Er stonden veel mensen haring te eten.	おおぜいの人がニシンを食べていました。

ニシンの尻尾を持って空を仰ぎ，一気に頬張るのが正式な食べ方です。残りの文については，een kleine [haring]「小さなもの（＝ニシン）」，uitjes「タマネギ」（ui の指小形複数），heb ... gekocht「買った」（← kopen），op straat「通りで」，heb ... opgegeten「食べつくした」（← opeten）となります。

この課のポイント

085 知覚の助動詞

知覚の助動詞には **zien**［ズィーン］（見る，見える），**horen**［ホーれ(ン)］（聞く，聞こえる），**voelen**［ヴーレ(ン)］（感じる，気がする）があり，「〈目的語〉が〈不定詞〉するのを見る·聞く·感じる」という構文で使います。不定詞は文末（＝右枠）に置いて枠構造をつくります。

<table>
<tr><th>前域</th><th>左枠</th><th>中域</th><th>右枠</th></tr>
<tr><td></td><td>Zie</td><td>je de kinderen lekker</td><td>schaatsen?</td></tr>
<tr><td colspan="4">君には子供たちが楽しくスケートをしている（schaatsen）のが見えるかい。</td></tr>
<tr><td>Ik</td><td>voel</td><td>iets over mijn arm</td><td>lopen.</td></tr>
<tr><td colspan="4">私は何かが腕の上をはっている（＝歩いている lopen）ような気がします。</td></tr>
</table>

086 進行形の表現

ⓐ 姿勢動詞進行形

進行中の動作は現在形や過去形でも表せますが，進行中の動作をとくに明示したいときには，次の２種類の表現が使えます。そのひとつは，「姿勢」の意味を表す以下の姿勢動詞に te-不定詞を加えたもので，姿勢動詞進行形といいます。

staan《スターン》 ... te-不定詞	［立って］…している
zitten《ズィテ(ン)》 ... te-不定詞	［すわって］…している
liggen《リへ(ン)》 ... te-不定詞	［横たわって］…している
lopen《ローペ(ン)》 ... te-不定詞	［歩いて・走って］…している
hangen《ハンゲ(ン)》 ... te-不定詞	［掛かったままで］…している

これは姿勢動詞の意味に合うときだけに使えます。たとえば,「眠っている」には liggen ... te-不定詞を使います。te-不定詞は文末（＝右枠）に置いて枠構造をつくります。

前域	左枠	中域	右枠
Het kind	**ligt**	op de grond	**te slapen**.

子供は床の上で［横になって］眠っています。

slapen 眠る

その他の用例

Moeder **staat** op de bus **te wachten.** 母はバスを［立って］待っている。

Wat **zit** je **te doen**? 君は［すわって］何をしているの。

De was **hangt** buiten **te drogen**. 洗濯物は外に［掛かって］干してあります（＝乾燥しつつある）。

ⓑ 前置詞句進行形

もうひとつは **aan 't**［アーント］（または **aan het**）＋不定詞＋ **zijn** です。前置詞 aan を使うので，**前置詞句進行形**といいます。目前での動作のほかに，継続的に取り組んでいる動作にも使えます。**aan 't ＋不定詞**は**文末（＝右枠）**に置いて，やはり**枠構造**をつくり，**目的語＋ aan 't ＋不定詞**の語順になります。

前域	左枠	中域	右枠
Wat	**ben**	je	**aan 't doen**?
君は何をしているの？			
Ik	**ben**	een brief naar België	**aan 't schrijven.**
私はベルギーへ手紙を書いているの。			

分離動詞は **aan 't ＋分離動詞**の語順になります。

Ze **maakt** haar kamer **schoon**.

彼女は自分の部屋を掃除します。 schoonmaken 掃除する

Ze **is** haar kamer **aan 't schoonmaken**.

彼女は自分の部屋を掃除しているところです。

目的語の名詞に冠詞も何もつかなければ，**aan 't ＋［名詞＋不定詞］**の語順になることがあります。

Ze is **aan 't pianospelen**. 彼女はピアノ演奏をしているところです。

Hij is **aan 't brieven schrijven**. 彼は手紙書きをしているところです。
brieven = brief 手紙《複数形》

次の文と比較してください。

Hij **is** een lange brief naar Nederland **aan 't schrijven.**

彼はオランダへ長い手紙を書いているところです。

087

Les 20

それが言えない者は本当のフリジア人ではない。

Wie dat niet kan zeggen, is geen oprechte Fries.

S: Sayaka　*D*: meneer Dijkstra

S : Verleden《ヴェるレーデ(ン)》 week《うぇーク》 ben《ベン》 ik《イク》 voor《ヴォーる》 het《エト》 eerst《エーるスト》 bij《ベイ》 een《エン》 familie《ファミーリ》 in《イン》 Friesland《フリースラント》 geweest《へうぇースト》. Maar《マーる》 ik《イク》 kon《コン》 ze《ゼ》 amper《アムぺる》 verstaan《ヴェるスターン》, toen《トゥーン》 ze《ゼ》 hun《ヒュン》 dialect《ディアレクト》 spraken《スプらーケ(ン)》.

D : De《デ》 Friezen《フリーゼ(ン)》 hebben《へベ(ン)》 een《エン》 eigen《エイへ(ン)》 taal《タール》, het《エト》 Fries《フリース》, waar《うぁーる》 ze《ゼ》 erg《エるふ》 trots《トろツ》 op《オプ》 zijn《ゼイン》. Ze《ゼ》 willen《うぃレ(ン)》 niet《ニート》 dat《ダト》 het《エト》 Fries《フリース》 dat《ダト》 de《デ》 tweede《トうぇーデ》 officiële《オフィシェーレ》 taal《タール》 van《ヴァン》 Nederland《ネーデる·ラント》 is《イス》, een《エン》 Nederlands《ネーデる·ランツ〈…ス〉》 dialect《ディアレクト》 genoemd《へヌームト》 wordt《うぉるト》.

S : Noemt《ヌームト》 u《ユー》 eens《エーンス》 wat《うぁト》 voorbeelden《ヴォーるベールデ(ン)》.

D : “Bûter《ブテる》, brea《ブれア》 en《エン》 griene《グリエネ》 tsiis《ツィース》, wa’t《ヴァート》 dat《ドト》 net《ネト》 sizze《スィゼ》 kin《キン》, is《イス》 gjin《ギィン》 oprjochte《オプりょほテ》 Fries《フりエス》.”

紗矢香　　　：先週，初めてフリースラントのご家族のお宅におじゃましたんです。でも，方言をお話しになると，ほとんどわからなくて。

デイクストラ氏：フリジア人はフリジア語（＝西フリジア語）という，自分たちがとても誇りにしている独自の言語を持っているんだよ。オランダの第２の公用語であるフリジア語がオランダ語の方言と呼ばれるのをいやがるんだ。

紗矢香　　　：何か例をあげてみてください。

デイクストラ氏：「bûter（バター），brea（ライ麦パン），それに griene tsiis（ブルーチーズ），それが言えない者は本当のフリジア人ではない」

Verleden week ben ik voor het eerst bij een familie in Friesland geweest.

先週，私は初めてフリースラントのご家族のもとにいました。

verleden week は「先週」，ben ... geweest（いた）は zijn（いる）の現在完了形，bij（…のもとに・そばに）は前置詞，voor het eerst は「初めて」です。

Maar ik kon ze amper verstaan, toen ze hun dialect spraken.

しかし，彼らが彼らの方言を話すと，私はほとんど彼らの言うことが聞き取れませんでした。

kon は kunnen，spraken は spreken の過去形。amper は「ほとんど…ない」，verstaan は「聞いて理解する」，toen-従属文は「…したとき」，dialect は「方言」。

De Friezen hebben een eigen taal, het Fries, waar ze erg trots op zijn.

フリジア人はフリジア語という，彼らがとても誇りにしている独自の言語を持っています。

een eigen taal（独自の言語）と het Fries（フリジア語）は並列されています。waar は関係代名詞で，先行詞は het Fries です。形容詞 trots は前置詞 op と用いて「…を誇りにしている」の意味を表すので，waar ... op という前置詞を伴った関係文になります。

Ze willen niet dat het Fries dat de tweede officiële taal van Nederland is, een Nederlands dialect genoemd wordt.

彼らはオランダの第2の公用語であるフリジア語がオランダ語の方言と呼ばれるのを欲しません。

ze willen niet dat（彼らは…ということを欲しない）に関係文を含む従属文が続いています。「オランダの（van Nederland）第２の（tweede）公用語（de ... officiële taal）である（is）ところの（関係代名詞 dat）フリジア語が（先行詞 het Fries）」という関係文が従属文の主語で，「オランダ語の方言と呼ばれる（genoemd wordt ← noemen）」に続きます。

“Bûter, brea en griene tsiis,
wa't dat net sizze kin,
is gjin oprjochte Fries.”

「bûter（バター），brea（ライ麦パン），それに griene tsiis（ブルーチーズ），それが言えない者は本当の（＝生粋の）フリジア人ではない」

フリジア語（＝西フリジア語）です。次のオランダ語訳と比べてみましょう。

Boter《ボーテる》, brood《ブろート》 en《エン》 groene《ふるーネ》 kaas《カース》, wie《ゔぃー》 dat《ダト》 niet《ニート》 kan《カン》 zeggen《ゼヘ(ン)》,
is《イス》 geen《ヘーン》 oprechte《オプれへテ》 Fries《フりース》.

088

関係代名詞

この課のポイント

関係代名詞と関係副詞を合わせて関係詞といいます。関係詞は先行詞の種類と関係文中のはたらきに応じて，以下のように使い分けます。関係文は従属文なので，関係詞は文頭（＝左枠），定動詞は文末（＝右枠）に置いて枠構造をつくります。関係文の末尾はコンマで区切ります。

① die（先行詞：中性名詞単数形以外；単複同形）

先行詞	左枠	中域	右枠
de talen	**die**	in Nederland	**worden gesproken**《正式》 **gesproken worden**《話し言葉》
オランダで話されている（複数の）言語（関係代名詞 die 主語）			
de talen	**die**	men in Nederland	**spreekt**
オランダで人々が話している（複数の）言語（関係代名詞 die 目的語）			

② dat（先行詞：中性名詞単数形）

het Fries **dat** de tweede officiële taal van Nederland **is**

オランダの第２の公用語であるフリジア語（関係代名詞 dat 主語）

het Fries **dat** niemand een dialect van het Nederlands **noemt**

だれもオランダ語の方言とは呼ばないフリジア語（関係代名詞 dat 目的語）

③ 前置詞＋ wie（先行詞：人）

een familie **bij wie** ik verleden week **geweest ben**

私が先週，（ソノ人タチノオ宅ニ）おじゃましたご家族

←Ik **ben** verleden week **bij een familie geweest**.

私は先週，あるご家族のお宅におじゃましました。

④ waar（...）前置詞（先行詞：物事；話し言葉では物事・人）

het Fries | **waar** ze erg trots **op zijn**
　　　　 | **waarop** ze erg trots **zijn**

彼らが（ソレヲ）とても誇りにしているフリジア語　　trots 誇りにしている（op …を）

←Ze **zijn** erg trots **op het Fries**.

彼らはフリジア語をとても誇りにしています。

⑤ van wie（先行詞：人）／
waarvan（先行詞：物事，話し言葉では物事・人）

de familie **van wie het huis** heel groot **is**

（ソノ人タチノ）家がとても大きい家族

het huis **waarvan** ze **het dak gaan schilderen**

彼らが（ソノ）屋根を塗装する予定の家

089

不定関係詞と関係副詞

不定関係詞は先行詞が不要で，一般的な意味を表します。以下では，関係副詞の用法を交えて説明します。

① wie（…する人はだれでも）

Wie niet te raden **is**, is niet te helpen.

忠告を聞かない（＝忠告され得ない）者は助けられない。

Wie een kuil《カイル》 **graaft**《ふらーフト》 voor een ander, valt er zelf in.

他人のために落とし穴を掘る者は，自分でそこに落ちる。　voor een ander は「枠越え」

② wat（…する物事は何でも）

先行詞が不定代名詞（Les 14 文法）や文または文の一部を示すときにも使います。

Zeg《ゼヘ》 niet **alles wat** je **weet**, maar wees wel zeker van **wat** je **zegt**《ゼーケる》.

知っていることをすべて話すことはせず，話すことについてはすべて確信を持ちなさい。

③ waar（…するところではどこでも）

Waar gehakt《ヘハクト》 **wordt**, vallen spaanders《スパーンデるス》.

伐採されるところでは，おがくずが落ちる（＝決定は犠牲を伴う）。

場所の副詞句のはたらきをする関係副詞としても使います。

de Provincie《プろヴィンスィ〈…ツィ〉》 Friesland **waar** het Fries **gesproken wordt**

フリジア語が話されているフリースラント州

文法編

Les 2

所有代名詞（1）「…の」

		単数		複数	
		基本形	弱形	基本形	弱形
1人称		mijn《メイン》 私の	(m’n)《メン》	ons《オンス》（中性単数） onze《オンゼ》（それ以外） 私たちの	
2人称	親称	jouw《ヤウ》 君の	je《イェ》	jullie《ユリ》 君たちの	je《イェ》
2人称	敬称	uw《ユウ》 あなたの		uw《ユウ》 あなたがたの	
3人称	人間 男性	zijn《ゼイン》 彼の	(z’n)《ゼン》		
3人称	人間 女性	haar《ハーる》 彼女の	(d’r)《デる》	hun《ヒュン》 彼(女)ら/それらの	
3人称	物事 両性・中性	zijn《ゼイン》 その	(z’n)《ゼン》		

カッコ内のつづりは特殊で，特定の表現などに限られます。

所有代名詞は**後ろの名詞を修飾**します。

Mijn naam is Schreuder.　　私の名前はスフレーデルです。
Dit is **haar boek**.　　これは彼女の本です。

所有代名詞は **ons/onze**（私たちの）（Les 4）**を除いて無変化**です。古形のなごりとして，Mijne Heren［メイネ　へーれ(ン)］（拝啓）などがあります。
jullie（君たちの）の弱形 je は明らかに複数とわかるときや，同一文中で jullie の反復を避けるときに使います。

形容詞の副詞用法

形容詞の大多数は**動詞を修飾**する副詞用法でも使います。**goed**（良い）は **goed**（良く）という意味にもなるのです。辞書には，形容詞としての意味だけがのっており，副詞用法の意味は出ていないことがあるので，注意しましょう。

Jouw Nederlands is heel **goed**.
君のオランダ語はとてもじょうずです（＝とても良い）。

Je spreekt heel **goed** Nederlands.
君はオランダ語がとてもじょうずです（＝とても良くオランダ語を話す）。

Les 3

現在形の用法

現在形は**進行中の動作**も表します。また，**過去からの継続**の意味でも使います。

De baby《ベービー》 **slaapt**《スラープト》 al urenlang《ユーれ(ン)ラング》.　その赤ちゃんはもう何時間も眠っている。

slapen《スラーペ(ン)》 眠る

-ten/-den, -ven/-zen で終わる動詞の現在形

語幹が -t で終わる動詞では人称語尾の -t を重ねて書かず，-d で終わる動詞では -dt［ト］とします（発音規則 1, 4）。

wach**ten**《ゔぁはテ(ン)》 待つ	ik wach**t**《ゔぁはト》	hij wach**t**
bin**den**《ビンデ(ン)》 結ぶ	ik bin**d**《ビント》	hij bin**dt**《ビント》

-**v**en［ヴェ(ン)］/ -**z**en［ゼ(ン)］で終わる動詞は -**f**［フ］/ -**ft**［フト］/ -**s**［ス］/ -**s**t［スト］となります（発音規則 2）。

ge**ven**《ヘーヴェ(ン)》 与える	ik gee**f**《ヘーフ》	hij gee**ft**《ヘーフト》
kie**zen**《キーゼ(ン)》 選ぶ	ik kie**s**《キース》	hij kie**st**《キースト》

-n で終わる動詞の現在形

語幹が母音で終わるごく少数の１音節の動詞の不定詞は，語幹に -n がつきます。

gaa**n** [はーン] 行く

ik	ga《はー》	wij	
jij	gaa**t**《はート》 (ga jij)	jullie	gaa**n**
hij	gaa**t**	zij	
u	gaa**t**		

doe**n** [ドゥーン] する

ik	doe《ドゥー》	wij	
jij	doe**t**《ドゥート》 (doe jij)	jullie	doe**n**
hij	doe**t**	zij	
u	doe**t**		

このほかには，**slaan** [スラーン]（打つ），**staan** [スターン]（立っている），**zien** [ズィーン]（見る）に限られます。

不規則動詞の現在形

次の３つの動詞は不規則動詞の代表で，現在形は次のようになります。

ⓐ **zijn** [ゼイン]（…である，…がある・いる）

ik	ben《ベン》	wij	
jij	bent《ベント》 (ben《ベン》 jij)	jullie	zijn
hij	is《イス》	zij	
u	bent		

ⓑ **hebben** [ヘベ(ン)]（持っている）

ik	heb《ヘプ》	wij	
jij	hebt《ヘプト》 (heb jij)	jullie	hebben
hij	heeft《ヘーフト》	zij	
u	hebt/heeft		

ⓒ **komen** [コーメ(ン)]（来る）　母音 o の長短に注意

ik	kom《コム》	wij	
jij	komt《コムト》 (kom《コム》 jij)	jullie	komen《コーメ(ン)》
hij	komt《コムト》	zij	
u	komt《コムト》		

3人称代名詞 hij（彼，それ）

Les 2 で学んだ人称代名詞の表では，hij（英 *he*）には「彼」と「それ」の意味が出ています。これは物事を示す名詞を受けるときに，**中性は het**（それ），**両性は hij**（それ）を使うためです。zij（英 *she*）には「彼女」の意味しかありません。

De jas《ヤス》 is chic《シーク》 maar **hij** is duur《デューる》. そのコートはしゃれていますが，しかしそれは高価です。

不定冠詞 een［エン］（英 *a(n)*）

不定冠詞は een で，名詞の前に置きます。**無変化で複数形はなく**，**弱く**［エン ən］**と発音**します。接続詞 en（そして）ははっきり［エン ɛn］と発音します。

Dit is **een** appel《アペル》 **en** dat is **een** citroen《スィトるーン》.　これはリンゴ，そしてあれはレモンです。

「…です」の「…」の部分の名詞が**身分・職業・国籍**を表すときには，**不定冠詞 een をつけません。**

Hij is Nederlander《ネーデるランデる》 / zanger《ザンゲる》.　彼はオランダ人／歌手です。

een は**数詞の「1」**の意味にもなります。このときには［エーン eˑn］**とはっきり長く発音し**，**één** と書くこともあります。

Twee wijn《ゔぇイン》 en **één** appelsap《アペル・サプ》, alstublieft!

ワインを２杯とリンゴジュースを１杯ください。

否定冠詞 geen［ヘーン］と否定文

een ＋名詞を含む文は **geen ＋名詞**に変えて，否定文にします。

Heb je **een auto**《オート〈アウト〉》?　–Nee, ik heb **geen auto**.

君は車を持ってる？　いや，ぼくは車は持ってない。

無冠詞の名詞も geen ＋名詞に変えて否定文にします。

Spreekt ze **Duits**? –Nee, ze spreekt **geen Duits**.
彼女はドイツ語ができますか？ いいえ，彼女はドイツ語はできません。

Is hij nog **vrijgezel**《ヴれイ・へゼル》? –Nee, hij is **geen vrijgezel** meer.
彼はまだ独身ですか？ いいえ，彼はもう独身ではありません。

Les 4

否定詞 niet ［ニート］（英 *not*）と否定文

不定冠詞＋名詞や無冠詞の名詞があると geen ＋名詞で否定文にしますが，それ以外は否定詞 niet を使います。たとえば，定冠詞・指示代名詞・所有代名詞がついた名詞や，代名詞・固有名詞の場合がそうです。niet はふつう文末に置きます。

Ik geef Cor het cadeautje《カドーチェ》 **niet**. 私はコル（男名）にそのプレゼントをあげません。

Hij komt vandaag《ヴァンダーは》 **niet**. 彼は今日，来ません。

形容詞，前置詞句目的語，動詞の意味を補う副詞成分（方向など）があるときには，niet はその直前に置きます（後で学びますが，不定詞・過去分詞や分離動詞の分離成分があるときもそうです）。

De vis《ヴィス》 is **niet** vers《ヴェるス》. その魚は新鮮ではありません。

Ze wacht **niet** op jouw antwoord《アントゔぉーるト》. 彼女は君の返事を待っていません。
wachten 待つ（op …を）

Ik ga vandaag **niet** naar de bioscoop《ビ(ィ)オスコープ》. 私は今日，映画館には行きません。

niet は否定したい要素の直前に自由に置いて，その要素だけを否定することができます（部分否定）。

Hij komt **niet** morgen, maar overmorgen. 彼は明日ではなく，あさって来ます。

niet や geen ＋ 名詞に **nog** ［ノほ］（まだ），**meer** ［メーる］（もっと），**ook** ［オーク］（…も）をつけた「まだ / これ以上 /…もない」の表現もあります。

Ze hebben nog geen kind. 彼らにはまだ子供がありません。
Ik ken de vrouw **ook niet.** 私はその女性のことも知りません。

er［エる］の用法（1）──「虚辞の er」と「場所の er」

「…がある・いる」という存在文は，**er is**＋名詞（単数形），**er zijn**＋名詞（複数形）で表します。er は無アクセントで弱く発音します。

Is er hier een hotel《ホテル》? ここにはホテルはありますか。

Wat **is er** vanavond《ヴァナーヴォント》 in het theater《テ(ィ)アーテる》? 劇場では今晩，何がやっていますか。

この er は存在文以外にも，未知の主語を導入するときに広く使います。Les 5 で学ぶように，文頭は相手も知っている話題の位置なので，未知の主語をいきなり出すのは唐突です。er は文頭の位置をふさいで未知の主語の登場を予告し，文の自然な流れを保つのです。この er を**虚辞の er** といい，**訳せません**。

Kijk, **er** zwemt《ズヴぇムト》 **een karper**《カるぺる》 in het **water**《ヴぁーテる》. ごらん，鯉が池（＝水）の中を泳いでいるよ。

Een karper zwemt in het water. 鯉は池（＝水）の中を泳ぐものだ。

一方，「そこ」と訳せる副詞の er もあります。これを**場所の er** といいます。

Hij is **er** al. 彼はもうそこにいます。

「あそこ，そこ」とはっきり指示するには，アクセントを持つ **daar**［ダーる］を使います。文頭ではかならず daar を使います。

Daar wonen ze nog. そこに彼らはまだ住んでいます。 er は不可

親族名称

「夫，妻」は man（男），vrouw（女）に所有代名詞（Les 2 文法）をつけて表します。

mijn vrouw 私の妻　haar man 彼女の夫

その他の親族名称はほとんど両性名詞（de-名詞）です。次の表では中性名詞には het をつけて示します。

090

ouders《アウデるス》 両親	vader《ヴァーデる》 父	moeder《ムーデる》 母
het kind《キント》 子供	zoon《ゾーン》 息子	dochter《ドほテる》 娘
broer《ブるーる》 兄弟	zus《ズュス》 姉妹	het kleinkind《クレインキント》 孫
grootvader《ふろートファーデる》 祖父	opa《オーパ》 おじいちゃん	oom《オーム》 おじ
grootmoeder《ふろートムーデる》 祖母	oma《オーマ》 おばあちゃん	tante《タンテ》 おば

Les 5

時刻の表現

「X時です」「X時に…します」は次のように言います。

Hoe laat is het? –**Het is** negen uur《ユーる》.

何時ですか。　9時です。

Hoe laat begint《ベひント》 het concert《コンセるト》? –Het begint **om acht uur**.

音楽会は何時に始まりますか。　8時に始まります。

stipt《スティプト》 om zeven uur/om zeven uur **precies**《プれスィース》 7時きっかりに

omstreeks《オムストれークス》**/rond**《ろント》 vier uur 4時頃

前置詞＋数字 -en という表現もあります。このとき vijf（5）/elf（11）/twaalf（12）の無声の f［フ］は母音の前で有声の v［ヴ］に変わり，vijven［ヴェイヴェ（ン）］/elven［エルヴェ（ン）］/twaalven［トゔぁールヴェ（ン）］となります（発音規則 2）。

tegen《テーへ(ン)》 **vijf**（uur）/**vijven** 5時近く　**na elf**（uur）/**elven** 11時過ぎ

twintig uur vijftien（20時15分）のような24時間方式は，時刻表などの公的な使用に限られます。minuut［ミニュート］/ 複数形 minuten（分）はふつう省きます。一般的なのは12時間方式による表現です。uur（時）と minuut/minuten（分）はつけません。voor（…前），over（…過ぎ），kwart（15分），half（…［X マイナス1］時半）に注意。avond（晩），middag（昼），morgen/ochtend（朝），nacht（夜）につける 's ＋ ...-s は古い格変化（所有格）のなごりです（Les 9 文法）。

091

20:15　kwart over acht **'s avonds**《サーヴォンツ》　晩の8時15分過ぎ

08:45　kwart voor negen **'s morgens**《スモるヘンス》**/'s ochtends**《ソほテンツ〈ソほテンス〉》　朝の9時15分前

14:30　half drie **'s middags**《スミダはス》　昼の2時半

02:55　vijf voor drie **'s nachts**《スナはツ》　夜の3時5分前

これはアナログ式の文字盤による表現です。15分を kwart（4分の1），30分を half（半分）と言うのも，文字盤を4等分，2等分しているからです。20:15 を kwart over acht 's avonds「晩の8時15分過ぎ」と言って，twintig「20時」を使わないのも，文字盤の数字は 0 ～ 12 だからで，「晩の」「朝の」で区別します。half drie は 14:30 と 02:30 の両方を指すのです。

それでは，14:30 と 02:30 はどうして half twee ではなく，half drie なのでしょう。それは時針の位置を指すからです。文字盤をデコレーションケーキにたとえて12等分すると，「2時半」では時針が最初の一切れから数えて3切れ目（drie（3））の中央にあるでしょう。**half ＋ 数字では 1 時間を引く**のです。

それでは，次のように言うのはなぜでしょう。

14:05　vijf over twee 's middags　昼の2時5分過ぎ

14:35　vijf over half drie 's middags　昼の2時半5分過ぎ

これは文字盤を上下にだいたい2等分して，**30分単位**で考えているからです。上半分（0～20分/40～0分）が X（uur）（X 時），下半分（20～40分）が half X（［X マイナス1］時半）の領域です。

Les 6

数詞（2）：21 以上の基数詞

092

30	**der**tig《デるタは》	80	**t**achtig《タはタは》
40	**veer**tig《フェーるタは》	90	negentig《ネーヘンタは》
50	**v**ijftig《フェイフタは》	100	honderd《ホンデるト》
60	**z**estig《セスタは》	1.000	duizend《ダイゼント》
70	**z**eventig《セーヴェンタは》	1.000.000	een miljoen《ミルユーン》

40 ～ 70 の **v-** / **z-** は例外的に無声の［フ］/［ス］です。tachtig（80）の **t-** にも注意。

「万」の位はないので，1 万は tienduizend（10 千），10 万は honderdduizend（100 千）と言います。大きな数字でも１語でつづるのが原則です。

２桁の数は **en** [(弱く) エン ən]（そして）をはさんで「一の位＋十の位」の順番で言います。

21 een**en**twintig《エーン・エン・トヴィンタは》 1 + 20 45 vijf**en**veertig《ヴェイフ・エン・フェーるタは》 5 + 40

よく考えてみると，13 ～ 19 でも zeven（7）＋ -tien（10）→ zeventien（17）のように，この順序ですね（英語も同様。*seven* ＋ *-teen* → *seventeen*）。オランダ語は 21 ～ 99 でも規則的にこの順番を守っているのです。

１桁の数が 2 と 3 の２桁の数では，**-en-** を **-ën-** とします。

22 twee**ën**twintig《トヴェー・エン・トヴィンタは》 93 drie**ën**negentig《ドりー・エン・ネーヘンタは》

２桁の数字はすべて１語として定着しています。オランダ語話者は 13 ～ 19 だけでなく，21 ～ 99 も「えーっと，59 は 9 プラス 50 だな」などといちいち分析しないのです。年号は２桁に区切りますが，これも同じ原理です。年号以外のふつうの数字でも，この言いかたが多いのです。

1648年　zestienachtenveertig《ゼスティーン·アはト·エン·フェーるタは》　オランダ独立の年，「16＋48」と読みます

2008年のように100の桁がゼロの年号は，tweeduizendacht (2008年)，つまり「2000 + 8」と読みます。

Hij is op zes februari **tweeduizendacht** geboren《ヘボーれ(ン)》.
彼は2008年2月6日に生まれた。

千の桁はピリオド（.），小数点はコンマ（,）なので，注意しましょう。

0,50　nul komma vijftig　　0,05　nul komma nul vijf

月（maanden [マーンデ(ン)]）

すべて両性名詞（de-名詞）で，頭文字は小文字です。

093

januari《ヤニュ(ゔ)アーり》	1月	juli《ユーり》	7月
februari《フェブりゅ(ゔ)アーり》	2月	augustus《アウふゅステュス》	8月
maart《マーるト》	3月	september《セプテムべる》	9月
april《アプりル》	4月	oktober《オクトーべる》	10月
mei《メイ》	5月	november《ノヴェムべる》	11月
juni《ユーニ》	6月	december《デセムべる》	12月

in april　4月に　　begin mei　5月初めに
midden juni　6月半ばに　　eind juli　7月末に

数詞（3）：序数詞（1，2，3…番目の）

1と3は不規則，2～7と9～19は -de，8と20～99は -ste を基数詞につけます。

094

1e	**eerste**《エーるステ》	8e	acht**ste**《アはツテ（アはステ）》	15e	vijftien**de**《ヴェイフティーンデ》
2e	twee**de**《トゥヴェーデ》	9e	negen**de**《ネーヘンデ》	16e	zestien**de**《ゼスティーンデ》
3e	**derde**《デるデ》	10e	tien**de**《ティーンデ》	17e	zeventien**de**《ゼーヴェ(ン)ティーンデ》
4e	vier**de**《ヴィーるデ》	11e	elf**de**《エルヴデ》	18e	achttien**de**《アはティーンデ》
5e	vijf**de**《ヴェイヴデ》	12e	twaalf**de**《トゥヴァールヴデ》	19e	negentien**de**《ネーへ(ン)ティーンデ》
6e	zes**de**《ゼズデ》	13e	dertien**de**《デるティーンデ》	20e	twintig**ste**《トゥヴィンタはステ》
7e	zeven**de**《ゼーヴェンデ》	14e	veertien**de**《ヴェーるティーンデ》	21e	eenentwintig**ste**《エーン・エン・トゥヴィンタはステ》

100e	honderd**ste**《ホンデるツテ》	1.000e	duizend**ste**《ダイゼンツテ》
1.000.000e	miljoen**ste**《ミルユーンステ》		

Les 7

指示代名詞 deze [デーゼ] /dit [ディト]（この，これ）
die [ディー] /dat [ダト]（あの・その，あれ・それ）

単数	両性	**deze** foto（この写真）	**die** foto（あの・その写真）
	中性	**dit** boek（この本）	**dat** boek（あの・その本）
複数	両性	**deze** foto's	**die** foto's
	中性	**deze** boeken	**die** boeken

Wat sta je leuk op **deze foto**!　なんて君はこの写真ではよく写っているんだ。

Zie je **die vrouw daar**?　君はあそこにいるあの女性が見えるかい。

「これ / あれ・それは…です」のように，物事を直接指さして独立して使うときには，**dit / dat** を使います。

Dit is een foto van jou.　これは君の写真だよ。

Dat klopt!　それはそのとおりです。

指示代名詞ははっきり指示するときに，**３人称代名詞 hij / zij / het のかわり**にも使います。話し言葉では die/dat，堅苦しい文章では deze / dit を多用します。

Waar is **mijn bril**?　–**Die** ligt hier op tafel.　hij（それ）のかわり
ぼくのメガネはどこだ？　それはここのテーブルの上にあるよ。

３人称で物事に使う弱形 **hem / het**（それを・に），**ze**（それらを・に）は，主文の**文頭**では使えません。die / dat で代用します。補語「…です」として使う場合もそうです。

Ken je deze boeken?　– Nee, **die** ken ik niet.　ze は不可
君はこれらの本を知っているかい？　いや，それらは知らない。

Dat weet ik niet.　それは私は知りません。　het は不可

Dat ben ik.　それは私です（=私がそれです）。　Het は不可

命令形と人称代名詞主格

親称 jij/jullie の命令文には**人称代名詞主格**はつけないのが原則ですが，**強調**するときにはつけることもあります。

Ga je weg!/**Ga** weg **jij**!　あんた，あっちへ行ってよ。　gaan 行く

敬称 u の命令形は**不定詞語幹-t ＋ u** が原則ですが，注意書きや固定した表現では **-t や u を省く**ことがあります。

Ontsteek《オントステーク》 uw lichten《りふテ(ン)》!　ライトを点灯しなさい。（交通標識）　ontsteken 点灯する

話し言葉では命令形に **ze** をつけて，**励ましの表現**にすることもあります。この ze には「彼(女)ら」の意味はありません。

Eet **ze**!　食事を楽しんでね。　eten 食べる

Studeer **ze**!　ちゃんと勉強するんだよ。　studeren（大学で）勉強する

不定詞による命令文

命令の意味は不定詞「…すること」でも表現できます。不定詞は文末に置きます。

命令形　**Eet** smakelijk《スマーケレク》!　いただきます（＝おいしく食べなさい）。　eten 食べる

不定詞　Smakelijk **eten**!　いただきます（＝おいしく食べること）。

不定詞による命令文は，相手を特定しない注意書きなどで多用します。否定命令「…しないこと」には **niet** を文頭につけます。

Sigaretten《スィはれテ(ン)》 **doven**《ドーヴェ(ン)》!　タバコの火を消すこと。　doven（火を）消す

Niet naar buiten **leunen**《レーネ(ン)》!　外に身を出さないこと。　leunen 寄りかかる

Duwen《デューゔぇ(ン)》（押す）　**Trekken**《トれケ(ン)》（引く）　**Niet roken**《ろーケ(ン)》（禁煙）

話法の副詞

話者の気持ちや判断を加え，文全体を修飾する副詞を話法の副詞といいます。

misschien《ミスひーン》/wellicht《ゔぇリふト》　もしかしたら

wel《ゔぇル》/waarschijnlijk《ゔぁーるスヘインレク》　たぶん

zeker《ゼーケる》/beslist《ベスリスト》　きっと

gelukkig《へリュカは》　幸いなことに

hopelijk《ホーペレク》　望むらくは

helaas《へラース》　残念ながら

inderdaad《インデるダート》　本当に，実際に

weliswaar《ゔぇリスゔぁーる》　いかにも，なるほど

Ze weet het **misschien**.　彼女はもしかしたらそれを知っているかもしれません。

Gelukkig is het nog niet te laat.　ありがたいことに，まだ遅すぎません。

心態詞と呼ばれる短い話法の副詞は，日本語の「…よ，ね，な，さ，って，たら，

から，けど」などに似ています。相手に働きかける多彩なニュアンスを表し，命令の口調をやわらげるときにも使います。あまり強く発音しないようにしましょう。

eens《エーンス》 ちょっと，一度《控えめ，依頼》	even《エーヴェ(ン)》 ちょっと《親しみ，端緒》
maar《マーる》 まあ，いいから《元気づけ，承諾》	toch《トほ》 だって，そうはいっても《催促，強制》
wel《うﾞぇル》 ちゃんと，なるほど	

Wacht **eens**. 待ってね。 wachten 待つ

Kom **maar** mee. いっしょに来てよ。 komen 来る

Geef dat boek **even** hier. その本をよこしなさいったら。 geven 与える

Wees **toch** niet bang. 心配するなって。 zijn …である

単位と数えかたの表現

単位を表す名詞には，２以上でも単数形を使うものがあります。

① 数詞＋単数形

twee **uur / jaar** ２時間 / 年

drie **kwartier**《クゔぁるティーる》 45分

vier **keer** per dag １日に４回

vijf **euro / cent** ５ユーロ / セント

zes **kilo / gram / meter** ６キロ / グラム / メートル

② 数詞＋複数形

acht **minuten**《ミニューテ(ン)》 **/ seconden**《セコンデ(ン)》 ８分（minuut）/ 秒（seconde）

negen **dagen / weken / maanden** ９日（dag）/ 週（week）/ か月（maand）

tien **graden** 10℃（graad）

不定の数や修飾語がつく場合は，たんなる単位の表現ではなくなるので，複数形になります。

enkele **uren** 数時間

tweehonderd 200

drieduizend 3000

die drie lange **jaren** あの長い３年間

honderden 何百もの

duizenden 何千もの

Er zijn **honderden mensen** op het plein. 広場に何百人も人がいる。

nul（ゼロ）＋**複数形**の表現に注意。

nul **graden**　0℃（graad …度）　nul **punten**　0点（punt 点）

Hij maakt **nul fouten** in zijn werk.
彼は仕事でノーミスだ（＝ゼロの誤りをする，fout 誤り）。

物を数えるときには，een **bos** wortels（ニンジン1束）の bos（束）のような**助数詞**を使うことがあります。この表現は **［数詞＋助数詞］＋名詞**とします。

een **kop** koffie　コーヒー1杯　een **glas** bier　ビール1杯
twee **pakken** melk　牛乳2パック（pak 包み，パック）
vijf **flessen** wijn　ワイン5本（fles 瓶）
tien **stuks** tulpen　チューリップ10本（stuk 小片，個）

Les 8

語順（4）──主文の枠構造と「枠越え」

オランダ語の文を「家」にたとえると，2本の「大黒柱」がこれを支えています。それは定動詞が占める**主文の第2位（＝左枠）**と，不定詞などを含む動詞成分が占める**文末（＝右枠）**の位置です。このしくみを**枠構造**といいます。その中間の「広間」**（＝中域）**には，主語・副詞成分・目的語が並んでおり，そこから会話の話題となる要素を「玄関」である**文頭（＝前域）**に取り出すことで完成します。

話題 前域	定動詞 左枠	主語・副詞句・目的語 中域	動詞成分 右枠
Ik	**wil**	voor vanavond een tafel	**reserveren.**《れぜるヴェーれ(ン)》

私は今晩用に席（＝テーブル）を予約したいのです。

助動詞がない文は右枠が空白，疑問詞を欠く決定疑問文は前域が空白です。

前域	左枠	中域	右枠
Ik	**reserveer**	voor vanavond een tafel	______.
私は今晩用に席を予約します。			
	Wilt	u voor vanavond een tafel	**reserveren**?
あなたは今晩用に席を予約したいのですか。			

主語以外の要素を話題にしたければ，それを**文頭**つまり**前域**に取り出し，主語は定動詞の直後に残ります。**主語の本来の位置は左枠の定動詞の直後**なのです。

前域	左枠	中域	右枠
Voor vanavond	**wil**	ik___een tafel	**reserveren**.
今晩用に私は席を予約したいのです。			
Een tafel	**wil**	ik voor vanavond___	**reserveren**.
席を私は今晩用に予約したいのです。			

「裏口」である右枠の後ろ（＝**後域**）に要素を出すこともあります。強調・補足・中域のスリム化がおもな理由です。これを**枠越え**といい，頻繁に起こります。

前域	左枠	中域	右枠	後域
Ik	**wil**	___een tafel	**reserveren**	voor vanavond.
私は席を予約したいのです，今晩用に。				

「枠越え」できるのは**前置詞句などの副詞成分**です。主語・名詞句目的語はできません。een tafel（テーブルを）は reserveren（予約する）の後ろには置けません。

hoor [ホーる], **kijk** [ケイク], **zeg** [ぜへ]

hoor は確認・勧告・催促，**kijk/zeg** は相手の注意を引くときに使う間投詞で，horen（聞く），kijken（見る），zeggen（言う）の命令形（Les 7）に由来します。

Ik wacht niet langer **hoor**. Hij komt niet.
私，もう待ってられないわ，まったく。あの人，来ないもの。

Kijk, de zaak zit zo. あのね，事の次第はこういうことさ。

Zeg, ik moet er vandoor《ヴァンドーる》. Tot ziens.
さて，ぼくは行かなければいけないから。さよなら。

時間の副詞

095

vandaag《ヴァンダーは》 今日　gisteren《ひステれ(ン)》 昨日　eergisteren《エーるひステれ(ン)〈…ひス…〉》 おととい

morgen《モるへ(ン)》 明日（⟷ de morgen 朝）　overmorgen《オーヴェるモるへ(ン)〈…モる…〉》 あさって

以下の語のアクセントは後半部（青色の母音）にあります。

096

vanochtend /vanmorgen 今朝，今日の午前中

vanmiddag 今日の昼・午後　vanavond 今晩

vannacht 今夜；昨夜　gisteravond 昨日の晩

gisterochtend/gistermorgen 昨日の朝・午前中

gistermiddag 昨日の昼・午後　morgenmiddag 明日の昼・午後

morgenochtend 明日の朝・午前中　morgenavond 明日の晩

Les 9

zou [ザウ] と **wou** [ゔぁウ] の用法

zou は zullen（…だろう，など），wou は willen（…したい）の過去形ですが（Les 8），以下の特別な用法があります（Les 15 文法）。

zou はまず，zullen の過去の意味で使います。

De oorlog《オーるロほ》 begon《べほン》 in 1568 en **zou** tachtig jaar **duren**.

《過去形》begon ← beginnen 始まる

その戦争（＝オランダ独立戦争）は 1568 年に始まり，80 年間続くことになった。

1568 年　vijftienachtenzestig [ヴェイフティーン・アはト・エン・セスタは]

過去の出来事とは無関係に，推量・疑惑の意味でも使います。

Hoe laat **zou** het al **zijn**?　もう何時なんだろうか？

Zou hij nog **komen**?　彼ははたして来るだろうか？

他の話法の助動詞とともに丁寧・婉曲な表現でも多用します。

Ik **zou** deze reis graag **willen annuleren**《アニュレーれ(ン)》.

この旅行をキャンセルしたいのですが。

Zou u me raad **willen geven**, alstublieft?

どうか相談にのっていただけませんか（＝私に助言を与えていただけませんか）。

wou も「…したかった」という過去の意味のほかに，「…したいのですが」という丁寧・婉曲の意味で使います。**wilde** もありますが，ふつうは **wou** を使います。

Ik **wou** een vlucht《ヴリュふト》 naar Brussel **boeken**《ブーケ(ン)》.

ブリュッセルまでのフライトを予約したいのですが。

Ik **wou** graag een pond《ポント》 gehakt《へハクト》.

ひき肉を 1 ポンド（＝500 グラム）いただきたいのですが。

おもな前置詞

おもな前置詞にはつぎのようなものがあります。

aan	…に・へ《接触》	achter	…の後ろに
(vlak)bij	…の（すぐ）そばに	door	…を通って，…によって
in	…の中に・中へ	langs	…に沿って
met	…とともに，…で・を使って	na	…の後で
naar	…へ《方向》，…によれば	naast	…の横に
om	…のまわりに，…時に《時刻》	onder	…の下に
op	…の上に・上へ	over	…を越えて，…後に，…について
sinds	…以来	tegen	…にたいして
tegenover《テーヘ(ン)オーヴェる》	…の向かいに	tijdens《テイデンス》	…の間《期間》
tot	…まで	tussen	…の中間に
uit	…から，…の外へ	van	…の，…から，…について
vanwege《ヴァンうぇーへ》	…の理由で	volgens《ヴォンス》	…によれば
voor	…の前に，…のために	zonder	…なしで

前置詞句の目的語を伴う動詞や形容詞もあります。どの前置詞になるかは，個々の動詞・形容詞によって決まっています。

denken **aan** ...　…を考える　　wachten **op** ...　…を待つ

bang zijn **voor** ...　…がこわい　　blij zijn **met** ...　…でうれしい

「A の B」の表現

冠詞＋B＋前置詞 van＋A

いろいろな意味で広く使えます。

de auto **van Gerda/van mijn vader**　ヘルダ（女名）の / 私の父の車

de bloei《ブルーイ》 **van de bomen**　木々の開花

次の２つの表現は**所有の意味**だけを表します。A にあたる名詞は**人名と親族名**に限られます。冠詞はつきません。

A-s ＋ B

「所有格の -s」ともいいます（ただし，-a's/-i's/-u's/-o's/-s'/-z'）。

Gerda's/mijn vaders auto　　ヘルダの / 私の父の車

A ＋ z'n [ゼン]（男性単数）/ d'r [デる]（女性単数）/ hun（複数）＋ B

所有代名詞の弱形（Les 2 文法）による話し言葉的な表現です。

Gerda d'r/mijn vader z'n auto　　ヘルダの / 私の父の車

R-代名詞

er/daar 以外にも，場所の副詞と同形の代名詞があります。語末（または語中）に r があるので，er/daar を含めて **R-代名詞**といいます。

waar《ゔぁーる》（どこ） ↔ **waar**（何）**… 前置詞**

hier《ヒーる》（ここ） ↔ **hier**（これ）**… 前置詞**

Waar denk je **aan**?　　君は何を考えているの。
Wat zegt hij **hiervan**?　　彼はこれについて何と言っているのですか。

次の３語には，**R-代名詞**と同じ意味を表す**不定代名詞**があります。前置詞と隣接しても，１語では書きません。

ergens《エるへ(ン)ス》（どこか） ↔ **ergens**（何か）**… 前置詞**
前置詞＋iets/wat（何か）

nergens《ネるへ(ン)ス》（どこにも…ない） ↔ **nergens**（何も…ない）**… 前置詞**
前置詞＋niets（何も…ない）

overal《オーヴェるアル》（どこでも） ↔ **overal**（すべて）**… 前置詞**
前置詞＋alles（すべて）

Hij heeft **overal** verstand《ヴェるスタント》 **van**/verstand **van alles**.
彼はすべてに精通しています（＝すべてについて理解を持っている）。

Dat dient **nergens toe/tot niets**.
それは何にも役に立ちません。

時間・理由のように，動詞や述語形容詞の意味とは関係が薄い副詞成分としての前置詞句では，**R-代名詞**は前置詞から**分離しません**。次の語は**1語の副詞**として固定した例です。

daarna（その後で）　daarom（それゆえに）　waarom（なぜ（＝何ゆえに））

Les 10

形容詞原級による表現

even /（net）zo＋原級＋als A　Aと（まさに）同じほど…だ

Hij is **even groot als** zijn zus.　彼は姉（妹）と同じ背の高さです。

Ze is een **even goede** zanger **als** hij.　彼女は彼と同じくらい良い歌手です。

zo＋原級＋mogelijk　できるだけ…

Je moet **zo snel mogelijk**《モーヘレク》 komen.　君はできるだけ速く来なくてはいけない。

te＋原級　あまりに…だ，…すぎる

Deze jas is me **te groot**.　このジャケットは私には大きすぎます。

形容詞比較級による表現

Hebt u nog een **goedkopere**《ふートコーぺれ》 kamer?　もっと安い部屋はありますか。

goedkoop 安い

比較級＋dan（話し言葉では als も可）A　Aよりも…だ

België is **kleiner dan** Nederland.　ベルギーはオランダより小さい。

klein 小さい

hoe＋比較級＋従属文 , hoe/des te＋比較級＋従属文 / 主文　…するほど…だ

Hoe meer je eet, **hoe dikker** je wordt/**des te dikker** word je.

たくさん食べればそれだけ太る。

（従属文の並列，Les 11 文法）　veel たくさん，dik 太った

形容詞最上級による表現

まず，**het ＋最上級**（-e）（最も…だ）の形で使います（-e は話し言葉）。この het は定冠詞ではなく，ただの添えもので，両性名詞でも de ではなく，het です。

Bij ons in de buurt is onze tuin **het mooist**. mooi 美しい

うちの近所では私たちの庭がいちばん美しい。

Ik vind de lente **het mooiste** van de vier seizoenen.

私は四季の中で春がいちばん美しいと思います。 -e は話し言葉

次は**動詞を修飾**する副詞用法による例です。

Van alle leerlingen zingt ze **het mooist**.

すべての生徒の中で彼女がいちばん美しく歌います。

名詞を修飾するときには，名詞の性・数に合わせて**冠詞と語尾 -e** をつけます。

De haven《ハーヴェ(ン)》 van Antwerpen《アントヴぇるペ(ン)》 is een van **de grootste havens** ter wereld.

アントワープ港は世界で最も大きな港のひとつです。 een van... …のひとつ

次例の de mooiste（最も美しいもの）は，de mooiste tuin（最も美しい庭）の形容詞による**名詞の代用**（下の説明参照）の表現です。

Bij ons in de buurt is onze tuin **de mooiste**.

うちの近所では私たちの庭がいちばん美しい（＝いちばん美しいもの〈庭〉です）。

比較級や最上級が独立の副詞として定着した例もあります。

later《ラーテる》 あとで　vroeger《ヴるーへる》 以前　verder《ヴェるデる》 さらに　hoogst《ホーほスト》 きわめて

形容詞による名詞の代用と名詞化，語尾 -en

形容詞は**名詞の代用**をすることができます。

een nieuw**e** auto 新しい車 → een nieuw**e** 新しいもの

(de) oud**e** boeken （その）古い本《複数形》 → (de) oud**e** （その）古いもの

複数形では**人間**の場合にかぎって**語尾 -en** をつけます。

(de) oud**en** （その）高齢の人たち

形容詞が完全に**名詞化**され，独立した名詞として定着している語もあります。このような語では，-en で終わっても語尾 -e をつけます（この課のポイント）。

zieke《ズィーケ》 病人 ⟷ ziek（病気の）　　volwassene《ヴォルゔぁセネ》 成人 ⟷ volwassen（成人した）

所有代名詞（2）「…のもの」

所有代名詞は「私の本」のように名詞を修飾するほかに（Les 2 文法），「私のもの」のように**名詞の代用**もします。このとき「**定冠詞＋所有代名詞 -e/-en**」という語形になり，**複数**では**人間 -en** と**物事 -e** を区別します。

単数	両性	mijn auto（私の車）	→ de mijn**e**（私のもの）
	中性	mijn boek（私の本）	→ het mijn**e**
複数	人間	mijn ouders（私の両親）	→ de mijn**en**
	物事	mijn boeken（私の本）	→ de mijn**e**

これは堅苦しい表現なので，ふつうは **van ＋人称代名詞**（補語「…です」の場合）または **die/dat ＋ van ＋人称代名詞目的格**（主語・目的語の場合）とします。

Deze auto is **van mij**. **Die van jouw** staat daar.

この車は私のものです。君のものはあそこにあります。

=Deze auto is **de mijne**. **De jouwe** staat daar.《書き言葉》

人称代名詞のほかに，ふつうの名詞句でもこの表現ができます。

Deze auto is **van Teun**. **Die van Lies** staat daar.

この車はテーン（男名）のものです。リース（女名）のはあそこにあります。

met z'n ＋数詞 -en（…人で）という表現もあります。

We doen het **met z'n drieën**.　私たちは３人でそれをします。　drie 3

この例のように，１人称複数のときだけ met ons drieën とも言えます。

Les 11

語順（5）──従属文の枠構造

従属文では定動詞を文末，主文では定動詞を２番目に置きます。一見すると，これはずいぶん違う語順のような印象を受けます。

従属文：（Ik denk niet）**dat** hij met zijn koffer daarheen **loopt**.
彼がトランクを持ってそこへ歩いていくとは（私は思いません）。

主文：　Hij **loopt** met zijn koffer daarheen.
彼はトランクを持ってそこへ歩いていきます。

しかし，従属文も Les 8 文法で説明した枠構造に従っているのです。主文と従属文の語順は同じパターンにまとめられます。次の図を見てください。主文の定動詞 loopt（歩く）と従属文の従属接続詞 dat（ということ）がともに左枠を占めていますね。ここが重要です。主文の定動詞と従属文の従属接続詞が占める位置は同じなのです。従属文では従属接続詞が左枠を占領しているので，定動詞は右枠にとどまっています。一方，主文では従属接続詞がないので，定動詞は左枠に出るのです。

従属文：	従属接続詞	主語・副詞成分・目的語	動詞成分
	左枠	中域	右枠
(Ik denk niet)	**dat**	hij met zijn koffer daarheen	**loopt**.
(私は思いません)	と	彼がトランクを持ってそこへ	歩いていく

主文：	話題	定動詞	主語・副詞成分・目的語	動詞成分
	前域	左枠	中域	右枠
	Hij	**loopt**	met zijn koffer daarheen.	______.
	彼は	歩いていく	トランクを持ってそこへ	

主文と従属文が異なるのは，従属文が話題の位置，つまり前域を欠くことだけで，あとはまったく同じなのです。これがオランダ語の語順のエッセンスです。オランダ語の文の構造はこれで完璧に理解できます。
従属文が主文の文頭に来たら，その次は定動詞です。従属文はどんなに長くても

ひとつの文成分なので，従属文全体で話題の位置，つまり前域を占めます。従属文の次に主語や副詞句を置くと，定動詞は３番目になってしまい，「主文では定動詞は２番目」という大原則に違反してしまいます。

話題	定動詞		動詞成分
[前域]	左枠	中域	右枠
[Voordat je een jas koopt,]	**moet**	je hem eerst	**passen**.

［ジャケットを買う前に］，君はそれをまず試着しないといけない。

..., je moet... は不可

語順（6）：動詞群の語順

右枠に複数の動詞，つまり動詞群がたまると，日本語とは逆に，助動詞を前に置きます。下の例では ... kan lopen が正式です。... lopen kan は避けましょう。

従属文：

	従属接続詞	主語・副詞成分・目的語	動詞成分
	左枠	中域	右枠
(Ik denk niet)	**dat**	hij met zijn koffer daarheen	**kan lopen**.
（私は思いません）	と	彼がトランクを持ってそこへ	できる　歩いていく

彼がトランクを持ってそこへ歩いていくことができるとは（私は思いません）。

主文：

話題	定動詞	主語・副詞成分・目的語	動詞成分
前域	左枠	中域	右枠
Hij	**kan**	met zijn koffer daarheen	**lopen**.
彼は	できる	トランクを持ってそこへ	歩いていく

彼はトランクを持ってそこへ歩いていくことができます。

動詞が３つ以上になっても，やはり日本語とは逆の語順で，不定詞の前に助動詞を重ねていくのが正式です。

	左枠	中域	右枠
(Ik denk)	**dat**	hij met zijn koffer daarheen	**loopt**.

彼はトランクを持ってそこへ歩いていくと（私は思います）。

(Ik denk)	**dat**	hij met zijn koffer daarheen	**moet lopen**.

彼はトランクを持ってそこへ歩いていく必要があると（私は思います）。

(Ik denk) **dat** hij met zijn koffer daarheen **zal moeten lopen**.

彼はトランクを持ってそこへ歩いていく必要があるだろうと（私は思います）。

er［エる］の用法（3）──数量の er

虚辞の er，場所の er（Les 4 文法），代名詞の er（Les 9）に続く最後の er の用法です。**数量の er** は「そのうちの…」を意味し，**数詞・不定代名詞＋名詞**の名詞の部分を受けて，**er ... 数詞・不定代名詞**とします。名詞は人間でも物事でもかまいません。次の例は直訳すると，er drie は「そのうちの３人」，er ... genoeg［ヘヌーふ］は「そのうちの十分」となります。

Hoeveel broers heeft u? –Ik heb **er drie**.

ご兄弟は何人いらっしゃいますか？　３人おります。　× erdrie のように続け書きはしません。

Heb je nog briefkaarten? –Jawel, ik heb **er** nog **genoeg**.

まだ葉書はある？　ああ，まだ十分あるよ。

Les 9 で述べたように，**er が重なる**と文中の er を省きますが，**数量の er は省きません**。数量の er は英語の *their*，その他の er は *there* にあたり，本来，別の語なのです。

Er staan nog een paar boeken in de boekenkast《ブーケ(ン)カスト》.

本棚にはまだ数冊の本が並んでいます（er は「虚辞の er」）。

→ **Er** staan nog een paar boeken **in**.

その中には（(er) ... in）まだ数冊の本が並んでいます。

→ **Er** staan **er** nog **een paar** in de boekenkast.

書棚の中にはまだ［そのうちの］数冊が（er ... een paar）並んでいます。

→ **Er** staan **er** nog **een paar in**.

その中には（(er) ... in）まだ［そのうちの］数冊が（er ... een paar）並んでいます。

後置詞

「前置詞＋名詞」という語順の前置詞のほかに，「**名詞＋後置詞**」という語順の**後置詞**があります。後置詞は**動作の方向**や**完了**の意味を明示します。

Hij loopt **over de brug**.　　彼は橋を越えて歩いています。《前置詞》

Hij loopt **de brug over**.　　彼は橋を歩いて越えます。《後置詞》

Deze bus gaat precies **de andere kant op**.

このバスはちょうど逆の方角に行きます。

Wij zijn **de straat op** gegaan. 私たちは通りを歩いていきました。

後置詞は分離動詞（Les 14）の分離成分とまぎらわしいことがあります。

Ik zie hem **het huis uitkomen**. 分離動詞 uitkomen 外に出る

私には彼が家から外に出てくるのが見えます。

komen/gaan と「来る」/「行く」

komen は「来る」，gaan は「行く」の意味が原則です。ところが，**komen** が「行く」の意味になることがあります。

Kan ik bij u **komen**? あなたのところへ行ってもいいですか。

Hoe **kom** ik daar? そこにはどう行くのでしょうか。

komen は「接近，到着」，**gaan** は「出発，離脱」の意味が基本です。ただし，相手や目標を意識すると，日本語と違って相手や目標の場所に視点が移り，そこへの接近・到着の意味で komen を使うのです。gaan を使うと，そこから離れることになります。相手に向かって gaan を使うと，別れの意味になるのです。

Ik **ga** (naar huis). 私は（家に）帰ります（＝さようなら）。

Les 12

状態・変化を表す再帰動詞

ダイアローグの zich thuis voelen（アットホームに感じる）は，他動詞 voelen（…を感じる）の再帰用法です。これは「（自分が）…であると感じる，…という気分だ」という**状態**を表します。

Hoe **voelt** u **zich**? –Ik **voel me** niet lekker.

あなたはどんな気分ですか。 良い気分ではないんです。

「自分が…になる」という**変化**の意味を表すこともあります。このとき，次のように**自動詞を再帰動詞にする**例も見られます。

lopen（歩く，走る） → zich warm lopen（歩いて·走って体を暖める，ウォーミングアップする）

schrikken《スふりケ(ン)》（おびえる） → zich dood《ドート》 schrikken（死ぬほどおびえる）

De atleet《アトレート》 **loopt zich warm**.　その運動選手は走ってウォーミングアップします。

Ik **schrik me dood**!　死ぬほどぎょっとするなあ。

自動詞と同形の他動詞

他動詞に zich をつけて再帰動詞にしないで，そのまま自動詞としても使うものがあります。ダイアローグにも次の語が出てきました。

wennen　…を慣れさせる《他動詞》；…が慣れる（aan …に）《自動詞》
informeren　…に知らせる《他動詞》；…が問い合わせる（naar …を）《自動詞》

Hij kan aan een regelmatig《れーヘルマータは》 leven niet **wennen**.

彼は規則的な生活に慣れることができません。

Dat **went** wel.　それはきっと慣れるよ。

Ze **informeert** naar de vertrektijd《ヴェるトれクテイト》 van de trein.

彼女は列車の出発時刻を問い合わせます。

ほかにも，**個々の動作**を表すものや**性質・状態**を表す多数の例があります。

breken《ブれーケ(ン)》　…を割る《他動詞》；…が割れる《自動詞・個々の動作》

De jongen **breekt** het glas.　男の子はガラスを割ります。
Het glas **breekt**.　ガラスが割れます。

verkopen《ヴェるコーペ(ン)》　…を売る《他動詞》；…が〈…のように〉売れる《自動詞・性質・状態》

Hij **verkoopt** zijn huis aan zijn kennis.　彼は知人に家を売ります。
Dit boek **verkoopt** goed.　この本はよく売れます。

相互代名詞 elkaar [エルカーる]（おたがいを・に）

再帰代名詞 zich（自分を・に）との違いに気をつけましょう。

Ze **scheren zich**.　彼らは（各自で）自分のひげをそる。

Ze **scheren elkaar**.　彼らはおたがいに（相手の）ひげをそる

scheren《スヘーれ(ン)》 ひげをそる

elkaars（おたがいの）という語形もあります。

Hebben jullie **elkaars telefoonnummer**《テレフォーヌュメる》 al?

君たちはおたがいの電話番号をちゃんと知っているかい（＝持っているかい）？

zich と zichzelf [ズィふセルフ]

再帰代名詞は **-zelf** を伴うことがあります。-zelf がついた語形は，「自分で」という**意図的**な動作や，「他人でなくて自分を・に」という**対比**の意味を表します。**mezelf/onszelf/jezelf** も同様です。

Ze **wast zich** elke dag.　彼女は毎日，体を洗います。　wassen 洗う

Ze **wast zichzelf** elke dag.　彼女は毎日，自分で体を洗います。

Ze **wast** eerst haar baby en daarna **zichzelf**.

彼女は最初に赤ちゃんの体を洗い，その後で自分の体を洗います。

Je moet **jezelf** niet **overslaan**《オーヴェる・スラーン》, je moet **jezelf meetellen**《メーテレ(ン)》.

自分を抜かしてはいけないよ，自分を勘定に入れなければいけない。

overslaan 抜かす，meetellen 勘定に入れる

zelf は zich と**分離**することがあり，再帰代名詞がなくても，「自分で，独力で」という意味の副詞としても使います。

Ze **wast zich** altijd **zelf**.　彼女はいつも自分で体を洗います。

Ze doet alles **zelf**.　彼女は何でも自分でします。

zichzelf は**前置詞句**でもよく使います。ただし，「自分自身」という意味をとくに強調しないときには使いません。

Hij heeft problemen **met zichzelf**.　彼は自分自身に問題があります。

Hij heeft geen geld **bij zich**.　彼は手元にお金を持ち合わせていません。

zichzelf を使うのはおもに他動詞の再帰用法ですが，本来の再帰動詞にとくに強調の意味で用いることもあります。

Hij **vergist zichzelf**, jij hebt gelijk《ヘレイク》!　彼は自分が間違っているんだ，君が正しいよ。

zich vergissen 間違える

「前置詞の om」… te-不定詞句と関連表現

「この課のポイント」で扱った om ... te-不定詞句とは違って，次の **om** は「…するために」という明確な目的の意味を表す前置詞で，om ... te-不定詞句が全体で副詞的にはたらいています。この om は省略できません。

Ik zeg het echt niet **om** je **te kwetsen**《クゔぇツェ(ン)》.

私は君を傷つけるためにそう言っているのではまったくありません。

te ＋形容詞＋ om ... te-不定詞句（…するためにはあまりに…だ）の表現もあります。

Vandaag is het **te warm** **om te werken**.

今日は暑すぎて仕事ができない（＝仕事をするためには暑すぎる）。

ほかにも，

alvorens《アルヴォーれ(ン)ス》	…する前に	… te-不定詞句
door	…することによって	
in plaats van	…するかわりに	
na	…した後で	
zonder	…しないで	

があります。上記の om を含めて，これは前置詞が te-不定詞句を伴う例です。

Door hard《ハるト》 **te werken** kun je je examen《エクサーメ(ン)》 halen《ハーレ(ン)》.

熱心に勉強することで，君は試験に合格できる。

Les 13

語順（7）：中域の語順

文という「家」は，主文の定動詞または従属文の従属接続詞（＝左枠）と，文末の動詞成分（＝右枠）という２本の「大黒柱」に支えられているのでしたね（Les 8 文法）。その中間の「広間」（＝中域）には残りの要素がひしめいています。ここでは「**主語＋間接目的語**（…に）＋**副詞成分＋直接目的語**（…を）」**の語順が原則**です。ただし，「**既知の旧情報は前，伝えたい未知の新情報は後ろ**」という情報伝達の効率が優先されることがあります。たとえば，直接目的語については，副詞成分を境にして旧情報はその前，新情報はその後ろの位置が自然です。たとえば次例では，定冠詞・所有代名詞つきの名詞句（＝旧情報）は副詞成分（eens 一度，even ちょっと）の前，不定冠詞・無冠詞の名詞句（＝新情報）は後ろにあります。

前域	左枠	中域	右枠
Je	moet	eens **een haring**	proberen.
君は一度，ニシンをぜひ試食してみるべきだ。			
Je	moet	**de haring** eens	proberen.
君はそのニシンを一度，ぜひ試食してみるべきだ。			
	Wil	je even **tjaptjoi**	proberen?
君はちょっとチャプチョイ（＝中華風肉野菜炒め）を試食してみたらどうだい。			
	Wil	je **haar tjaptjoi** even	proberen?
君は彼女のチャプチョイをちょっと試食してみたらどうだい。			

人称代名詞があるときには注意が必要です。とくに，アクセントを持たない**人称代名詞の弱形**は「軽い」ので，左枠にある**定動詞**や**従属接続詞**という「大黒柱」にしがみつくように，その**直後**にくっつこうとします。

① Hij vraagt een meisje **de weg naar het station** .
彼は女の子に駅への道をたずねます。

② Hij vraagt **het** een meisje .　彼はそれを女の子にたずねます。

①は「**間接目的語** een meisje（女の子に）＋**直接目的語** de weg naar het station（駅への道を）」というふつうの語順ですが，②では「**直接目的語** het（それを）＋**間接目**

的語 een meisje（女の子に）」という逆の語順になっています。これは人称代名詞の弱形 het（それを）が名詞句 een meisje（女の子に）を飛び越えて，定動詞 vraagt（たずねる）の直後に寄り添うためです。

ダイアローグには次の例もあります。

Schikt **u dat**?　ご都合はいいでしょうか（＝あなたにそれは適していますか）？

ここでは「**目的語** u（あなたに）＋**主語** dat（それは）」の語順になっています。この文では「(あなたに都合がいいのは) それ (dat) なのですか」が知りたい新情報なので，人称代名詞 u（あなたに）は dat（それは）に比べて弱く発音し，主語の dat を飛び越えて，定動詞 schikt（適している）の直後に寄り添うのです。ただし，u を強く発音して「(ほかの人はともかく) あなたはどうですか」とたずねるときには，Schikt dat u? とも言えます。

van の用法

van は「…の，…から，…について」という意味の前置詞ですが，ダイアローグに出てきた次の van には，後ろに**名詞句がありません**。

Ik geloof **het**.　私はそう思います。
Ik geloof **van** wel.　私はそう思うのですが。

het（それ，そう）ではっきり断定する意味になりますが，**van** では**話者の主観的な判断**というニュアンスが出ます。この van は思考・発言の動詞とともに用い，wel（たぶん，…ね・よ）などの話法の副詞（Les 7 文法）や否定詞 niet を伴うのがふつうです。とくに明確な意味がないので，これを**虚辞の van** といいます。

Ik geloof **het** niet.　私はそうは思いません。
Ik geloof **van** niet.　私はそうは思いませんけどね。
Ik verzeker u **dat**.　私はあなたにそれを確証します。
Ik verzeker u **van** wel.　私はあなたにそれを確証してもいいですよ。

van ＋名詞句の例もあり，やはり**断定をぼかす**表現になります。

Wat is dat voor een stof? –Ik geloof **van een zuur**.
それはどんな物質ですか？　私は酸だと思うんですが。

van の後に主文や従属文を続けることもできます。

De voorzitter《ヴォーるズィテる》 zei **van** we moesten hiermee ophouden《オプハウデ(ン)》.（主文）

De voorzitter zei **van** dat we hiermee moesten ophouden.（従属文）
私たちはこのことはやめにする必要があると、議長は言った。

zei 言った← zeggen の過去形

動詞の種類に関係なく，**van ＋指示代名詞＋名詞**でも類似したニュアンスが出ます。次は「ああいう変な服［の類のもの］を着ている」という部分的な数量を意味する**不定数量の van** の例です。**van alles**（いろいろなもの，何でも）もそうです。

Hij draagt altijd **van die gekke kleren**. 彼はいつもああいう変な服を着ている。

Je kan hier **van alles** wel krijgen.
君はここでは何でも（＝すべてのものの一部を）もらえるよ。

laten［ラーテ(ン)］＋不定詞（…させる，…したままにする）

不定詞を伴う大切な助動詞に，**使役と許容・放置**を表わす laten があります。

Hij **laat** zijn haar **knippen**. 彼は髪を切ってもらいます（＝切らせる）。《使役》

Kan ik mijn bagage《バはージェ》 hier **laten staan**?
ここに手荷物を置いたままでもいいですか。《許容・放置》

doen［ドゥーン］も「(強制的に) …させる」という**使役**の意味で使うことがあります。

Dat **doet** hem **denken** aan vroeger. それは彼に昔のことを思い出させる。

次の一連の表現に注意してください。

Laat me beginnen. 始めさせてください。《使役・命令》
Laten we beginnen. 始めましょう。《勧誘》
Laat ons beginnen. 始めましょう。《勧誘・書き言葉》
Laat ik eens beginnen. 始めるとするか。《奮起》

曜日 (dagen van de week［ヴぇーク］)

すべて両性（de-名詞）です。右側は「…曜日にはいつも」の意味（Les 5 文法）。

097

zondag《ゾンダは》 日曜日	('s) zondags《ソンダはス》
maandag《マーンダは》 月曜日	('s) maandags《(ス)マーンダはス》
dinsdag《ディンズダは》 火曜日	dinsdags《ディンズダはス》
woensdag《ヴーンズダは》 水曜日	('s) woensdags《(ス)ヴーンズダはス》
donderdag《ドンデるダは》 木曜日	donderdags《ドンデるダはス》
vrijdag《ヴれイダは》 金曜日	vrijdags《フれイダはス》
zaterdag《ザーテるダは》 土曜日	('s) zaterdags《サーテるダはス》

op zondag 日曜日に
zondag 今度の日曜日に
op zondagen 日曜日にはいつも
(=('s) zondags)

季節 (seizoenen［セイズーネ(ン)］)

098

de zomer《ゾーメる》 夏　　in de zomer / 's zomers《ソーメるス》 夏に

de winter《ヴぃンテる》 冬　　in de winter / 's winters《スヴぃンテるス》 冬に

de lente《レンテ》/het voorjaar《ヴォーるヤーる》 春　　in de lente / in het voorjaar 春に

de herfst《へるフスト》/het najaar《ナーヤーる》 秋　　in de herfst / in het najaar 秋に

van de week / deze week 今週　　dit jaar 今年

volgende《ヴォルへンデ》 / komende《コーメンデ》 / aanstaande《アーンスターンデ》 maand 来月

volgend / komend jaar 来年

vorige《ヴォーらへ》 / verleden《ヴェるレーデ(ン)》 / afgelopen《アフへローペ(ン)》 week 先週

Les 14

分離動詞の種類と性質

分離動詞には全体で**独立した意味**を持つ語があります。

afspreken《アフスプれーケ(ン)》 取り決める，会う約束をする　　af（離れて）＋spreken（話す）

ただし，意味を簡単に**合成して理解できる**語もあります（おもに方向の意味）。

uitgaan《アイトはーン》 外出する　　uit（外へ）＋gaan（出る）

分離動詞は雑多で，分離成分が不変化詞以外に**形容詞**や**名詞**の語も含まれます。

klaarmaken《クラーるマーケ(ン)》 用意する，調合する　　klaar（準備ができた）＋maken（つくる）

lesgeven《レスヘーヴェ(ン)》 教える，教師である　　les（授業）＋geven（与える）

他の動詞をはさんで，文末（＝右枠）の**分離成分が動詞成分から隔てられること**もあります。正書法上はくっついて見えても，分離成分と動詞成分は互いに独立しているのです。

Ze zal wel moeten **uitgaan**/**uit** moeten **gaan**.

彼女は出かけなくてはならないでしょう。

Ik wil tot aan mijn pensioen《ペンシューン》 blijven **lesgeven**/**les** blijven **geven**.

私は定年まで（＝私の年金生活まで）教師でいたい。

非分離動詞—接頭辞動詞と抱合動詞

先頭に何かがついても，**分離しない**次のような**非分離動詞**があります。

接頭辞動詞

無アクセントの接頭辞がついた動詞です。**be-**［ベ］/**er-**［エる］(少数の語）/**ge-**［へ］/**her-**［へる］/**ont-**［オント］/**ver-**［ヴェる］が接頭辞の代表です。

her- は**反復**，**ont-** は**離脱**の意味を表すのが基本です。その他の接頭辞は意味がはっきりしません。**ver-** は**反対・過失**の意味を表すことがあります。

herhalen 繰り返す ↔ halen 持ってくる《反復》
へるハーレ(ン)

ontlopen 逃げる，避ける ↔ lopen 歩く《離脱》
オントローペ(ン)

Ik **herhaal** het antwoord. 私は答えを繰り返します。

Ze probeert hem zoveel mogelijk te **ontlopen**.
彼女は彼をできるだけ避けようとします。

verhuren（お金を取って）貸す ↔ huren（お金を払って）借りる《反対》
ヴェるヒューれ(ン)

verspelen 賭け事で損をする ↔ spelen 遊ぶ《過失》
ヴェるスペーレ(ン)

be- / ver- は前置詞句を目的語とする自動詞から名詞句を目的語とする他動詞をつくることがあります。

betwijfelen (…)を疑う ↔ twijfelen 疑う（aan …を）
ベトヴぇイフェレ(ン)

verwachten (…)を期待する ↔ wachten 待つ（op …を）
ヴェるうぁはテ(ン)

接頭辞を除いたもとの動詞がない例もあります。

beginnen 始める，始まる
べひネ(ン)

gebruiken 使う
ヘブらイケ(ン)

２つの接頭辞が重なる例もあります。

verontschuldigen 許す
ヴェる・オントスひゅるダヘ(ン)

vergelijken 比較する
ヴェる・ヘレイケ(ン)

前置詞と同形の接頭辞もあります。ダイアローグに出てきた overleggen（熟考する，相談する）の over- もそうです（前置詞 over（…の上に，…を越えて））。この場合，接頭辞動詞と分離動詞が不定詞で同形になる語があります。一般に接頭辞動詞は抽象的・比喩的意味，分離動詞は具体的・物理的意味を表す傾向があります。

overdrijven （雲・雨などが）通り過ぎる hij drijft...**over**《分離動詞》
オーヴェる・ドれイヴェ(ン)

overdrijven 誇張する hij **over**drijft《接頭辞動詞》
オーヴェるドれイヴェ(ン) オーヴェるドれイフト

voorkomen 先に出る hij komt...**voor**《分離動詞》
ヴォーるコーメ(ン)

voorkomen 予防する hij **voor**komt《接頭辞動詞》
ヴォーるコーメ(ン) ヴォーるコムト

抱合動詞

「名詞・形容詞＋動詞」の語順で名詞・形容詞を包みこんでいる動詞を抱合動詞といいます。アクセントは前半にあります。数はそれほど多くなく，不定詞と分詞の用法に限られる語もあります。

raadplegen《らートプレーへ(ン)》 相談する，参照する　raad（忠告）＋plegen（つねに…する）

beeldhouwen《ベールトハウ(ゔ)エ(ン)》 彫刻する　beeld（像）＋houwen（切る，彫る）

liefkozen《リーフコーゼ(ン)》 愛撫する　lief（いとしい）＋kozen（いちゃつく）

Raadpleeg《らートプレーへ》 uw telefoongids《テレフォーンひッ》.　電話帳を参照してください。

「動詞＋名詞」という逆の語順の例も少数あります。名詞は身体部位で，「〈名詞〉を使って…反射的・感情的にする・になる」という意味を表します。

schok**schouder**en《スほクスはウデれ(ン)》 肩をすくめる　schokken（揺する）＋schouder（肩）

suize**boll**en《サイゼ・ボレ(ン)》 めまいがする，くらくらする　suizen（ザワザワ音を立てる）＋bol（頭）

Hij **suizebolde** van de slag.　彼はその一撃で頭がくらくらした。

不定代名詞＋te-不定詞（…すべき…）

不定代名詞とは **veel/heel wat**《話し言葉》（たくさん），**weinig** [ヴぇイナは]（わずか），**iets/wat**（何か），**zoiets**（そのようなもの），**niets**（何も…ない），**alles**（すべて）などを指します。ダイアローグ中の heel wat te doen は「なすべき多くのこと」が直訳です。

Mag ik u **iets te drinken** aanbieden?

何かお飲み物（＝飲むべき何か）をさし上げてもよろしいでしょうか？

Ik heb er **niets** mee **te maken**.

私はもうそれとは何も関係ありません（＝つくるべき何物も持っていない）。

Les 15

非分離動詞の３基本形

接頭辞動詞は過去分詞で ge- をつけません。あとは，接頭辞を除いたもとの動詞の変化と同じです。変化表ではもとの動詞で検索します。

bezoeken《ベズーケ(ン)》 訪れる	**be**zocht《ベゾほト》	**be**zocht《ヘゾほト》《弱変化・不規則動詞》
zoeken 探す	zocht	gezocht

接頭辞を除いた動詞が存在しないものは，変化表ではそのまま接頭辞動詞の語形で検索します。やはり過去分詞で ge- はつけません。

beginnen《べひネ(ン)》 始める，始まる	**be**gon《べほン》	**be**gonnen《べほネ(ン)》《強変化・不規則動詞》
gebruiken《ヘブらイケ(ン)》 使う	**ge**bruikte《ヘブらイクテ》	**ge**bruikt《ヘブらイクト》《弱変化・規則動詞》

抱合動詞は，もとの動詞が強変化の不規則動詞でも，まったく規則的な弱変化動詞になります。

beeldhouwen《ベールトハウ(ゔ)エ(ン)》 彫刻する	**beeld**houwde《ベールトハウデ》	ge**beeld**houwd《ヘベールトハウト》《弱変化・規則動詞》
houwen《ハウ(ゔ)エ(ン)》 切る，彫る	hieuw《ヒーウ》	gehouwen《ヘハウ(ゔ)エ(ン)》《強変化・不規則動詞》

過去形による婉曲・非現実の表現

過去形の重要な用法として，現在の出来事についての婉曲・非現実の表現があります。Les 9 文法で学んだ **zou / wou** もその例です。

Hoe **was** uw naam ook al weer?

もう一度，お名前をお願いします（=あなたのお名前は何でしたでしょうか）。

Dat **was** het? –Ja hoor, das **was** het.

それでよろしい（=良かった）でしょうか。ええ，よろしい（=良かった）ですよ。

Weet je soms waar hij woont? –Nee, ik **zou** het niet weten.

ひょっとして，彼がどこに住んでいるか，知ってる？ いいや，知らないんだけどねえ。

Ik **wou** dat ik het **wist**.　それを知っていたらと思うのですが。　weten（知っている）
Wist ik het maar!　それを知っていればなあ。

助動詞＋ te-不定詞 / 他動詞＋(om)...te-不定詞句

不定詞を伴う助動詞のほかに（Les 13），**te-不定詞を伴う助動詞**もあります。

beginnen《べひネ(ン)》	…し始める	schijnen《スヘイネ(ン)》/lijken《レイケ(ン)》	…らしい
(be) horen《(べ)ホーれ(ン)》	…するべきだ	durven《デュるヴェ(ン)》	…する勇気がある

Ze **begon** naar muziek《ミュズィーク》 **te luisteren**《ライステれ(ン)》.　彼女は音楽を聞き始めました。

従属文では，**文末（＝右枠）の動詞群の語順**は「助動詞＋不定詞」（Les 11 文法）と同じく，**助動詞＋te-不定詞**となります。

Ze zegt dat hij ernstig ziek **schijnt te zijn**.
彼女は彼が重病（＝深刻に病気である）らしいと言っています。

一方，次の語は，「…（…に…を）することを」という文に相当する**(om)...te-不定詞句を目的語とする他動詞**です。この om はなくてもかまいません（Les 12）。

besluiten《ベスライテ(ン)》	…すると決める	weigeren《ヴェイへれ(ン)》	…するのを拒む
beloven《ベローヴェ(ン)》	…に…すると約束する	vragen《ヴらーへ(ン)》	…に…するように頼む

Ze **besluit** (**om**) niet mee **te gaan**.
彼女はいっしょに行かないと決心します。

Ik **beloof** je (**om**) jouw dochtertje **te helpen**.
私は君に君の娘さんを援助すると約束します。

従属文では，(om)...te-不定詞句全体を文末の定動詞（＝右枠）の後ろ（＝後域）に**枠越え**（Les 8 文法）して，**他動詞＋(om)...te-不定詞句**の語順になります。

	左枠	中域	右枠	後域
(Hij zegt)	dat	ze	**weigert**	(**om**) met hem **te komen**.

彼女が彼といっしょに来るのを拒否していると（彼は言っています）。

proberen [プろベーれ(ン)](…することを試みる，…しようとする）のように，**枠越えしないで**，**proberen ＋ te-不定詞**という**動詞群**をつくる語順も可能な語があります。他動詞の中にも助動詞に近いものがあるのです。

	左枠	中域	右枠	後域
(Ze zegt)	dat	het kind	**probeert**	(**om**) de krant **te lezen**.

その子供が 新聞を読むことを 試みている と（彼女は言っています)。《枠越え》

	左枠	中域	右枠
(Ze zegt)	dat	het kind de krant	**probeert te lezen**.

その子供が新聞を 読もうとしている と（彼女は言っています)。《動詞群》

不定代名詞＋形容詞-s（…のもの）

不定の物事の表現です。不定代名詞の種類は Les 14 文法参照。

veel mooi**s** 多くの美しい（mooi）もの　　iets ander**s** 何か別の（ander）もの

Er is **niets nieuws** onder de zon.《ことわざ》
お日さまの下では何も新しい（nieuw）ことはない（＝新奇な発見はめったにない)。

-s で終わる形容詞には -s をつけません。

iets fris 何かさっぱりした（fris）もの　iets vers 何か新鮮な（vers）もの

「…が痛い」の表現

ダイアローグの例と合わせて，次の表現があります。

Ik heb pijn in mijn maag.	私は胃が痛い。	de maag [マーは] 胃
Ik heb kies**pijn**.	私は歯が痛い。	de kies [キース] 奥歯
Mijn arm **doet pijn/zeer**.	私は腕が痛い。	de arm [アるム] 腕
Ik heb last van mijn rug.	私は背中が痛い。	de rug [りゅふ] 背中

Les 16

現在完了形の用法

現在完了形と過去形

現在完了形は完了・結果・経験に限らず，広く過去の出来事を表します。**日常生活の過去の出来事**には，過去形よりもむしろ**現在完了形が一般的**です。ダイアローグにあるように，gisteren（昨日）のような過去の時を示す副詞があっても，現在完了形が使えます。**過去形**は，zijn と話法の助動詞を除くと，日常会話では意外に稀で，現時点とかけ離れた**回想**の世界に浸って**物語る**ときなどに多用します。一連の過去の出来事を語るときには，現在完了形で話し始め，過去形に変えて延々と思い出を語り，現在完了形に戻って話を終えるなど，巧みに使い分けます。

現在完了形と現在形

過去から現在までの継続には現在形を使います（Les 3 文法）。**現在完了形**はす**でに終わった出来事**しか表しません。

Ik **woon** al zes jaar/sinds 2002 in dit huis.

私はこの家にもう６年 / 2002 年以来住んでいます。《現在形》

Ik **heb** zes jaar in dit huis **gewoond**.

私はこの家に６年住みました。《現在完了形》

現在形が未来を表すことがあるように（Les 14），**現在完了形**は**未来の出来事**を表すことがあります。

Als ik hem **gesproken heb**, kan ik je dat zeggen.

彼と面談したら，私は君にそれを言うことができます。　spreken …と面談する，話す

過去完了形による婉曲・非現実の表現

過去完了形は**過去の出来事**に対する**婉曲・非現実**の表現にも使います。過去形の類似の用法を参照（Les 15 文法）。

Mag ik u vragen, u had in Japan uw diploma《ディプローマ》 als verpleegkundige《ヴェるプレーヘキュンダヘ》,

had ik dat goed **begrepen**? begrijpen 理解する

おたずねしますが，あなたは日本で看護師としての免許をお取りになったのですね，そう理解してよろしかったですか。

Je **had** dat niet **mogen zeggen**! 君はそれを言ってはまずかったんだけどねえ。（Les 19 文法，「完了形と代替不定詞」）

Jullie **hadden** hem **moeten roepen**! 君たちは彼を呼ぶ必要があったのになあ。

運動の動詞

一般的なのは **gaan** [はーン] で，ほとんどの場合に使えます。「(物事が) 進行する」という意味もあります。ほかには，移動手段に応じて次の語があります。

- lopen《ローペ(ン)》 歩く，走る
- rennen《れネ(ン)》 走る
- rijden《れイデ(ン)》 車・列車・自転車・馬で行く
- fietsen《フィーツェ(ン)》 自転車で行く
- varen《ヴァーれ(ン)》 船で行く
- vliegen《ヴリーへ(ン)》 飛行機で行く

Ik **rijd** met de trein. 私は列車で行きます。

Rijdt deze bus naar het station? このバスは駅に行きますか。

Die fiets **rijdt** lekker. あの自転車は乗り心地がいい。

Hij **rijdt** een Japanse auto. 彼は日本車を運転しています。

Ze **rijdt** haar kinderen naar school. 彼女は子供たちを学校へ車で送ります。

不定代名詞 zo’n [ゾーン], zulk [ズュルク] /zulke（そんな・あんな…）

zo’n（そんな・あんな…）は zo（その・あのように）＋不定冠詞 een に由来します。形容詞の語尾 -e に注意（Les 10）。

zo’n＋可算名詞単数形

zo’n prachtig**e** kerk そんなすばらしい教会 de kerk

zo’n prachtig museum そんなすばらしい美術館 het museum

zulk / zulke＋不可算名詞単数形（中性名詞は zulk）

zulke heerlijk**e** wijn そんなすばらしいワイン de wijn [ゔぇイン]

zulk heerlijk bier そんなすばらしいビール het bier [ビーる]

zulke＋可算名詞複数形

zulke prachtige kerken　　そんなすばらしい教会

zulke prachtige musea　　そんなすばらしい美術館

「そんなもの」は **zoiets** [ゾーイーツ] と言います。iets は「何か」です。

Ze nemen iets fris: spa, sinaasappelsap《スィーナザペル・サプ》 of **zoiets**.

彼らは何かさっぱりした（fris）もの（Les 15 文法）をもらいます。ミネラルウォーター，オレンジジュース，またはその種のものを。

zo'n＋数詞（約…）など

zo'n＋数詞は「約…」の意味で使います。**ongeveer** [オンヘヴェーる] ＋数詞または **een＋名詞＋of＋数詞**とも言います。

Er zitten **zo'n/ongeveer dertig mensen** in de zaal.

ホールには約 30 人がすわっている。

Hij heeft **een maand of zes** in Nederland gewoond.

彼は 6 か月ほどオランダに住みました。

zo'n＋名詞は「…のようなもの」の意味も表します。

Zou u me **zo'n formulier** kunnen geven?

用紙のようなものを私にくださいますか（Les 9 ダイアローグ）。

Les 17

語順（8）：従属文の完了形と動詞群の語順

従属文では文末（＝右枠）に複数の動詞，つまり動詞群がたまりますが，完了形では完了の助動詞＋過去分詞（正式）と過去分詞＋完了の助動詞（話し言葉）の両方の語順が可能です。正式なのは前者ですが，話し言葉では後者が多いので，ダイアローグでは後者の語順で示しています。たとえば，次の例では hebt gezien/had gerust が正式，gezien hebt/gerust had が話し言葉的です。

	左枠	中域	右枠	
（Wat jammer）	**dat**	je niet meer van Brugge	**hebt gezien**!	《正式》
			gezien hebt!	《話し言葉》

君がブリュージュをもっと見なかったのは（なんと残念なことか）。

左枠	中域	右枠	
Nadat	ik een poosje	**had gerust,**	(ben ik doorgereden). 《正式》
		gerust had,	《話し言葉》

私はひと休みした後で（先を急ぎました）。

形容詞の目的語

形容詞は名詞句または前置詞句を目的語として伴うことがあります。
名詞句が目的語のときには，**形容詞の前**に置きます。

Deze tocht is **de moeite waard**. waard（…の）価値がある
この旅行は苦労の価値があります。

Ik ben **het leven moe**. moe（…に）疲れた
私は人生に疲れました。

前置詞句が目的語のときには，**形容詞の前後**どちらにも置けますが，後ろに置くほうが多いと言えます。

Ze is erg **boos op hem/op hem** erg **boos**. boos 怒っている（op …に）
彼女は彼にとても腹を立てている。

次は名詞句目的語と前置詞句目的語を両方使った例です。

Ik ben **u** heel **dankbaar voor uw moeite**.
私はあなたのご苦労に対してあなたにとても感謝しています。
dankbaar（…に）感謝している（voor …に対して）

「多い」と「少ない」

「多い，多く，多くのもの」の代表は **veel** [ヴェール] で，無変化です。

Hij drinkt **veel wijn/bier**. 彼はたくさん（＝多くの）ワイン / ビールを飲みます。
Ze leest **veel boeken**. 彼女はたくさん（＝多くの）本を読みます。
Ik heb **veel** gereisd. 私はたくさん旅行しました。

話し言葉では **heel wat** もよく使います。

We hebben **heel wat** geleerd.　私たちは多くのことを学びました。

「多くの人々」の意味では **velen** [ヴェーレ(ン)]と変化します。

Velen van ons zijn er niet tevreden《テヴれーデ(ン)》 mee.

私たちの多くはそれに満足していません。

「少ない，わずかに，わずかなもの」は無変化の **weinig** [ヴぇイナは] ですが，「少ししか（…ない)」という否定の意味になります。

Er zitten maar **weinig mensen** in de trein.　列車には少ししか人がいません。

maar …だけ

Ik heb **weinig geld** bij me.　私は少ししかお金が手元にありません。

「わずかな人々」の意味では **weinigen** [ヴぇイナへ(ン)] となります。

Slechts《スレヘツ》 **weinigen** weten dat.　わずかな人々しかそれを知りません。slechts …だけ

「少し…ある」という肯定の意味には，**een paar/enkele** [エンケレ] **/wat＋複数形**，**een beetje** [ベーチェ] **/wat＋不可算名詞単数形**を使います。

Er zitten **een paar mensen** in de trein.　列車には数人がすわっています。

Mag ik nog **een beetje suiker**?　もう少しお砂糖をいただけますか。

Les 18

語順（9）：受動態の動詞群の語順

受動態では文末（＝右枠）に動詞群がたまると，**worden/zijn＋過去分詞**と**過去分詞＋worden/zijn**の語順が両方可能です。前者が正式ですが，話し言葉では後者を多用します。ダイアローグでは後者の語順で示します。

In openbare《オーペ(ム)バーれ》 gebouwen mag er niet **worden gerookt**.　《正式》

gerookt worden.　《話し言葉》

公共の建物では喫煙しては（＝喫煙がなされては）いけません。　roken 喫煙する

zijn ＋過去分詞（…された；…されている）

受動の助動詞 worden による受動態は「…される」という動作を表します。**zijn ＋過去分詞**はその完了形で，「…された」の意味になるのでしたね。

De deur **wordt** door hem **gesloten**.　《受動態現在形》　sluiten 閉める
ドアは彼によって閉められます。

De deur **is** door hem **gesloten**.　《受動態現在完了形》
ドアは彼によって閉められました。

一方，**zijn ＋過去分詞**は「…されている」という**状態**の表現としても使います。このとき，door（…によって）による行為者はつけられません。

Is de bank nog open?　―Nee, hij **is gesloten**.
銀行はまだ開いていますか。　―いいえ，閉まっています。

これは「形容詞＋zijn」（…である）による表現に近いと言えます。受動態の完了形「…された」とあいまいなことがあるので，文脈で判断することが必要です。

De deur **is gesloten**.　「ドアは閉められました」または「ドアは閉まっています」

過去分詞の用法

このように，過去分詞は**形容詞**のように使うことがあります。このとき，一般に**他動詞の過去分詞は受動・完了「…された」**，（完了の助動詞が zijn- 支配の）**自動詞の過去分詞は能動・完了「…した」**の意味を表します。

過去分詞 verboden［ヴェるボーデ(ン)］「禁止された」《受動・完了》
← 他動詞 verbieden［ヴェるビーデ(ン)］「禁止する」

過去分詞 gewend［へゔェント］「慣れた」《能動・完了》
← 自動詞 wennen［ゔェネ(ン)］「慣れる」

Op veel plaatsen in Nederland **is** roken **verboden**.
オランダの多くの場所では喫煙が禁止されています。

We **zijn** dat rumoer《りゅムーる》 wel **gewend**.
私たちはその騒ぎには慣れています。

ダイアローグに出てきた uitgebreid（幅広い←広げられた）は動詞 uitbreiden（広げる）の過去分詞が形容詞として固定したもので，副詞的に使っています。

Er wordt op 25 en 26 december **uitgebreid** en lekker gegeten.

12月25日と26日にはいろいろおいしいものを食べます（＝幅広く，おいしく食事がなされる）。

過去分詞は形容詞と同じく，**名詞を修飾**するときにも使います（Les 10）。

een **gevallen** meisje	転んだ女の子	vallen 転ぶ
het pas **verschenen**《ヴェるスヘーネ(ン)》 boek	ちょうど出たばかりの本	verschijnen 現れる
gevonden voorwerpen	落し物（＝見つけられた物）	複数形，vinden 見つける
een **gekookt** ei	ゆで卵（＝ゆでられた卵）	koken ゆでる

過去分詞は形容詞と同じく，**名詞化**して使うこともあります（Les 10 文法）。

het **gezegde**	言い回し，慣用句	zeggen 言う
de **aangeklaagde**	被告人	aanklagen 告発する《分離動詞》

不定代名詞 men（人々は）と人称代名詞 je/ze

不定代名詞 men（弱く［メン mən］と発音）は**世間一般の不特定の人々**の意味で広く使います。ただし，定動詞は**単数形**になります。

Komt u binnen, alstublieft! **Men** staat al op u te wachten.

どうぞお入りください。みなさんがもうあなたをお待ちしています。

この意味では話し言葉で**２人称代名詞単数弱形 je** も使えます。この je は「君」という親称の意味とは無関係で，**話者と相手を含みます**。定動詞は単数形です。

Je/Men mag hier niet parkeren.

ここに駐車してはいけません。

この意味の **je** は**主語以外**にも使えます。men は主語以外には使えません。

In Amsterdam《アムステるダム》 kan het **je** gebeuren《ヘベーれ(ン)》 dat **je** bagage《バはージェ》 gestolen《ヘストーレ(ン)》 wordt.

アムステルダムでは手荷物が盗まれることがあります（＝人の手荷物が（je bagage）盗まれることが人に（je）起こりうる）。

話者と相手を除く一般人の意味には，**men** と並んで**3人称代名詞複数弱形 ze** も使えます。je は使えません。また，この ze と men は主語以外には使えません。

Ze zeggen/Men zegt dat die actrice《アクトリーセ》 gaat trouwen《トらウ(ゔ)エ(ン)》.

あの女優は結婚するといううわさです（＝人は言っている）。

krijgen [クれイへ(ン)] による受動態（受益者受動）

worden＋過去分詞による受動態では，直接目的語（…を）は主語になりますが，**間接目的語（…に）は主語にならず**，そのままです。このとき，「得る，もらう」という意味の **krijgen** を使えば，**間接目的語（受益者）を主語とする受動態**の表現ができます。

Ze sturen《ステューれ(ン)》 ons de catalogus《カターロひゅス》 toe《トゥー》.　　toesturen …に…を送る《分離動詞》

彼らは私たちにそのカタログを送ります。

De catalogus **wordt ons** (door hen) **toegestuurd**.

そのカタログは（彼らによって）私たちに送られます。

We krijgen (van hen) de catalogus **toegestuurd**.

私たちは（彼らから）そのカタログを送られます（＝送ってもらいます）。

複合語と「つなぎの要素」（接合要素）

複合語は語と語の間に **-e-/-en-/-s-/-er-** をはさんでつくることがあります。複数形と似ていますが，そうではなく，**形式的なつなぎの要素**にすぎません。

zondag《ゾンダは》（日曜日）	←zon《ゾン》（太陽）	＋	dag《ダは》（日）	
zonn**e**bril《ゾネ・ブリル》（サングラス）	←[zon《ゾン》（太陽）	＋	-**e**-《エ》]	＋bril《ブリル》（メガネ）
briefkaart《ブリーフカーるト》（葉書）	←brief《ブリーフ》（手紙）	＋	kaart《カーるト》（カード）	
brieve**n**bus《ブリーヴェ(ン)・ビュス》（郵便受け）	←[brief《ブリーフ》（手紙）	＋	-**en**-《エ(ン)》]	＋bus《ビュス》（箱）
liefdewerk《リーヴデ・ゔぇるク》（慈善事業）	←liefde《リーヴデ》（愛）	＋	werk《ゔぇるク》（仕事）	

liefde**s**brief（ラブレター） ←[liefe（愛） + -**s**-] + brief（手紙） 発音規則 3
リーヴデズ・ブりーフ **リーヴ**デ ス ブりーフ

kind**er**wagen（ベビーカー）←[kind（子供） + -**er**-] + wagen（車）
キンデる・ゔぁーへ(ン) キント エる **ゔぁー**へ(ン)

Les 19

語順（10）：動詞群の語順─まとめ

文末（＝右枠）に複数の動詞，つまり**動詞群**がたまるときは，「**助動詞を前に置く**」**のが原則**です（Les 11 文法）。ただし，助動詞が過去分詞，不定詞，te-不定詞のどれを伴うかで差があります。

助動詞＋不定詞

助動詞が不定詞を伴うときには，この原則に従います。逆の語順も不可能ではありませんが，避けたほうが無難です。**話法の助動詞**や **laten**（…させる，したままにする），Les 13 で扱った **komen**（…しに来る）などがこれに含まれます。

	左枠	中域	右枠
(Je hebt gezegd)	**dat**	ik een verse haring	**moet proberen**.
あなたは私が生ニシンを試食するべきだ（と言ったわ）。			(稀 proberen moet)
前域	左枠	中域	右枠
Je	**zal**	een verse haring	**moeten proberen**.
君は生ニシンを試食するべきだろう。			(稀 proberen moeten)

その他の用例をこの原則に従う語順で示します。

Ik **wou** mijn haar **laten knippen**.
髪を切ってもらいたい（＝切らせたい）のですが。

We **willen** hier **blijven wonen**.
私たちはここに住み続けたいのです。

blijven ... 不定詞 …したままでいる

助動詞が te-不定詞で現れるときも同様です。

Ik **verwachtte** hem nooit meer **te zullen zien**.

私はもう彼に会うことになるとは期待しませんでした。

verwachten ... te-不定詞　…することを期待する

We **zijn** niet moedig《ムーダは》 genoeg《ヘヌーふ》 om ′s nachts《スナはツ》 in een bos **te gaan wandelen**《ゔぁンデレ(ン)》.

私たちは夜中に森を散歩しに行く十分な勇気はありません。

moedig zijn ... te-不定詞　…する勇気がある

助動詞＋過去分詞《正式》/ 過去分詞＋助動詞《話し言葉》

助動詞が過去分詞を伴うときには，話し言葉では前述の原則と**逆の語順**もよく使います。**完了形**や**受動態**がこれにあたります。本書は会話中心なので，例文はほとんどこの**過去分詞＋助動詞**という話し言葉での語順で示しています。ただし，正式な堅い文章では助動詞を前に置きます。

	左枠	中域	右枠
(Weet je)	**wat**	ik vanmiddag	**heb gegeten**?《正式》
			gegeten heb?《話し言葉》
何を私が今日の昼に食べたか（君は知っていますか）。			eten 食べる
(Ze zegt)	**dat**	de brief nog niet	**is geschreven**.《正式》
			geschreven is.《話し言葉》
その手紙はまだ書かれていない（と彼女は言っています）。			schrijven 書く

前域	左枠	中域	右枠
Het	**zal**	wel een broodje ham	**zijn geweest**.《正式》 **geweest zijn**. 《話し言葉》
それはたぶんハムサンドだったのでしょう。			
Deze brief	**moet**	door haar	**worden geschreven**. 《正式》 **geschreven worden**. 《話し言葉》
この手紙は彼女によって書かれなければなりません。			

助動詞が te-不定詞で現れるときも同様です。

Ik **dacht** hem op het feestje | **te hebben gezien**. 《正式》
| **gezien te hebben**. 《話し言葉》

私は彼をパーティーで見かけたように思いました。　denken ＋ te-不定詞（…と思う）

Deze prijs《プれイス》 **dient** | **te worden verhoogd**《ヴェるホーほト》. 《正式》
| **verhoogd te worden**. 《話し言葉》

この価格は値上げされるべきです。　dienen ＋ te-不定詞（…するべきだ）

zijn 以外の助動詞＋te-不定詞

助動詞が te- 不定詞を伴うときには，zijn を用いた後述の表現を除いて，前述の原則どおり，**助動詞は te-不定詞の前**に置きます。

	左枠	中域	右枠
(Kon je zien)	**of**	er mensen	**stonden te wachten**?

君は人々が［立って］待っていたかどうか，わかったかい。

前域	左枠	中域	右枠
Hij	**wil**	zijn taartje	**beginnen te eten**.

彼はタルトを食べ始めたがっています。

その他の用例

De was **moet** nog uren **hangen te drogen**.

その洗濯物はまだ何時間も掛けて干しておかなければなりません。

Ze zegt **dat** je niet zo luid **hoeft te spreken**.

君はそんなに大声で話す必要はないと，彼女は言っています。

te-不定詞＋zijn（受動，可能・義務）/ aan 't（aan het）＋不定詞＋zijn（前置詞句進行形）

前述の原則に反して，例外的に**助動詞 zijn は te-不定詞 /aan 't ＋不定詞の後ろ**に置きます。

	左枠	中域	右枠
(Ik vind)	**dat**	die vis niet meer	**te eten is**.
あの魚はもう食べられないと（私は思います）。			
(Ze zegt)	**dat**	hij een brief	**aan 't schrijven is**.
彼は手紙を書いているところだと（彼女は言っています）。			

前域	左枠	中域	右枠
Die vis	**zal**	wel niet meer	**te eten zijn**.
あの魚はもう食べられないでしょう。			
Hij	**zal**	wel een brief	**aan 't schrijven zijn**.
彼は手紙を書いているところなのでしょう。			

助動詞が te-不定詞で現れるときも同様です。

Hij **schijnt** de bloemen **aan 't schilderen te zijn**.

彼は花の絵を描いているところらしい。　　schijnen ... te-不定詞 …らしい

完了形と代替不定詞

「**助動詞＋不定詞**」を含む文を**完了形**にすると，本来は過去分詞になるべき**助動詞は不定詞のままで**形を変えません。「過去分詞の代わりをする不定詞」という意味で，これを**代替不定詞**といいます。たとえば，次の①の zien（見る）は**ふつうの他動詞**なので，完了の助動詞 hebben に支配されて規則的に**過去分詞 gezien** になっています。ところが，②の zien staan「立っているのを見る」のように，zien が別の不定詞を伴う**知覚の助動詞**の場合には，zien は完了形でも**不定詞 zien のまま**です。不定詞を「子分」に従えた誇り高き助動詞は，完了の助動詞のごときに支配されて形を変えるのを潔しとしないのです。

	前域	左枠	中域	右枠
①	Daar	**heb**	ik een haringkarretje	**gezien**.
	そこで私はニシンの屋台を見ました。			gezien 他動詞・過去分詞
②	Daar	**heb**	ik een haringkarretje	**zien staan**.
	そこに私はニシンの屋台が立っているのを見ました。			zien 知覚の助動詞・代替不定詞

その他の用例

Heb je hem **kunnen helpen**? 君は彼の手伝いをすることができたかい。
代替不定詞 kunnen（…できる）

Heb je je haar **laten knippen**? 君は髪を切ってもらった（＝切らせた）かい。
代替不定詞 laten（…させる）

Ze **zijn** in Edam《エーダム》 **komen wonen**. 彼らはエダムに住むためにやってきました。
代替不定詞 komen（…しに来る）

次の例は３つ以上の動詞群が重なった例です。

Hij **heeft** hier **moeten blijven zitten**. 代替不定詞 moeten
彼はここにすわった（zitten）ままでい（blijven）なければならなかっ（moeten）た（heeft）。

Ik **heb** hem hier **kunnen laten blijven zitten**. 代替不定詞 kunnen
私は彼をここにすわった（zitten）ままでい（blijven）させる（laten）ことができ（kunnen）た（heb）。

staan/zitten/liggen/lopen/hangen＋te-不定詞（姿勢動詞進行形）や **hoeven/durven＋te-不定詞**（…する必要がある / 勇気がある）では，動詞群になって動詞が連続すると，**te-不定詞の te が脱落する**傾向にありますが，このときにも代替不定詞が見られます。

Hij **zit** de hele dag **te werken**. 彼は一日中［すわって］仕事をしています。

Hij **heeft** de hele dag **zitten**（**te**）**werken**.
彼は一日中［すわって］仕事をしていました。 代替不定詞 zitten（［すわって］…している）

Dat **hoeft** hij niet **te betalen**《ベターレ(ン)》. それを彼は支払う必要はありません。

Dat **heeft** hij niet **hoeven**（**te**）**betalen**.
それを彼は支払う必要はありませんでした。 代替不定詞 hoeven

Les 20

国名・国民名・言語名

本書に出てくるものを中心に記します。原則として言語名は形容詞形と同じです。

099

	国・地域	国民（男性）	国民女性	言語・形容詞形
日本	Japan《ヤパン》	Japanner《ヤパネる》	Japanse《ヤパンセ》	Japans《ヤパンス》
オランダ	Nederland《ネーデるラント》	Nederlander《ネーデるランデる》	Nederlandse《ネーデるランツェ〈…セ〉》	Nederlands《ネーデるランツ〈…ス〉》
フリースラント	Friesland《フリースラント》	Fries《フリース》/Friezen《フリーゼ(ン)》(複)	Friezin《フリーズィン》	Fries《フリース》
ベルギー	België《ベルひ(ィ)エ》	Belg《ベルふ》	Belgische《ベルひセ》	Belgisch《ベルひス》 形容詞形
フランドル	Vlaanderen《ヴラーンデれ(ン)》	Vlaming《ヴラーミング》	Vlaamse《ヴラームセ》	Vlaams《ヴラームス》
ドイツ	Duitsland《ダイツラント》	Duitser《ダイツェる》	Duitse《ダイツェ》	Duits《ダイツ》
フランス	Frankrijk《フランクれイク》	Fransman《フランスマン》	Française《フランセーゼ》	Frans《フランス》
イギリス	Engeland《エンゲラント》	Engelsman《エンゲルス・マン》	Engelse《エンゲルセ》	Engels《エンゲルス》
中国	China《シーナ》	Chinees《シネース》 Chinezen《シネーゼ(ン)》 (複)	Chinese《シネーセ》	Chinees《シネース》

オランダ語をめぐる言語事情

オランダ北部のフリースラント州では，オランダ第２の地域的公用語である西フリジア語（Westerlauwersk Frysk）も約35～40万人の話者に用いられています。ダイアローグに出てくる Fries（フリジア語）は，この西フリジア語のことです（www.fryske-akademy.nl）。フリジア語には，北ドイツの二つの地域で用いられている北フリジア語（Nordfriisk）と東フリジア語（ザーターフリジア語 Seeltersk）も含まれます（www.nordfriiskinstituut.de）。また，多彩なオランダ語諸方言のなかでも，ベルギー北部のフランドル方言（Vlaams）はユニークです。「フラマン語」

とも呼ばれますが，独立の言語ではありません。南アフリカ共和国の公用語のひとつであるアフリカーンス語（Afrikaans）は，17世紀半ばのオランダ東インド会社の入植者のオランダ語から発達した言語です。かつて植民地だった南米スリナムとアンティラ諸島でも，オランダ語は公用語とされています。

オランダとベルギーの州と州都（巻頭の「オランダ語圏の地図」参照）

Nederland　オランダ

Friesland　フリースラント州	Leeuwarden　レーヴァルデン
Groningen　フローニンゲン州	Groningen　フローニンゲン
Drenthe　ドレンテ州	Assen　アセン
Overijssel　オーヴェルエイセル州	Zwolle　ズヴォレ
Gelderland　ヘルデルラント州	Arnhem　アルネム
Flevoland　フレーヴォラント州	Lelystad　レーリスタト
Noord-Holland　北ホラント州	Haarlem　ハールレム
Zuid-Holland　南ホラント州	's-Gravenhage　スフラーヴェンハーへ
Utrecht　ユトレヒト州	Utrecht　ユトレヒト
Zeeland　ゼーラント州	Middelburg　ミデルブルフ
Noord-Brabant　北ブラーバント州	's-Hertogenbosch　セルトーヘンボス
Limburg　リンブルフ州	Maastricht　マーストリヒト

België　ベルギー

Vlaanderen　フランドル地方

Wallonië　ワロン地方

Antwerpen　アントワープ州	Antwerpen　アントワープ
Limburg　リンブルフ州	Hasselt　ハセルト
Oost-Vlaanderen　東フランドル州	Gent　ヘント
West-Vlaanderen　西フランドル州	Brugge　ブリュージュ
Vlaams-Brabant　フランドル・ブラーバント州	Leuven　レーヴェン
Brabant wallon　ブラバン・ワロン州	Wavre　ワーヴル
Hainaut　エノー州	Mons　モンス
Namur　ナミュール州	Namur　ナミュール
Liège　リエージュ州	Liège　リエージュ
Luxembourg　リュクサンブール州	Arlon　アルロン

文法・語法インデックス

動詞

語順

文

語彙と表現

単語インデックス

ダイアローグと例文の理解に必要な語彙（冠詞・人称代名詞・数詞を除く）をできるだけ収録しました。カッコ内に名詞の性・複数形，動詞の過去形（不規則動詞は単数 / 複数）・過去分詞を添えてあります。*h.* は完了の助動詞が hebben-支配，*is* は zijn-支配の意味です。分離動詞は「|」で示します（例. op|staan 起きる）。語頭以外のアクセントは「´」で示します。子音が重複するときには「´」を中間に置きます（例. ter´ras [テらス] テラス）。

A

aan …に・へ

aan|bieden [bod/boden...aan, *h.* aangeboden] 提供する

aanbieding [de, -en] 提供；in de ～ 特売・安売りで

aan´staand 今度の

aardig 親切な

achternaam [de, ...namen] 姓

ac´trice [de, -s] 女優

a´dres [het, -sen] 住所

adver´tentie [de, -s] 広告

ad´vies [het, ...viezen] アドバイス

al すでに；すべての

alcohol [de, ...holen] アルコール飲料

allen/alles すべての人々 / 物事

als …として・のように；…ならば

alstu´blieft どうぞ，どうか

altijd いつも

amper ほとんど…ない

ander 別の；～s そのほかに

annu´leren [annu´leerde, *h.* geannu´leerd] キャンセルする

antwoord [het, -en] 答え

arm [de, -en] 腕

at´leet [de, ...leten] 運動選手

auto [de, -'s] 自動車

avond [de, -en] 晩；'s ～s 晩に

B

baan [de, banen] 職，道

ba´gage [de] 手荷物

bang 心配な

bank [de, -en] 腰掛，銀行

bed [het, -den] ベッド

be´ginnen [be´gon/be´gonnen, *is* be´gonnen] 始める，始まる

be´grijpen [be´greep/be´grepen, *h.* be´grepen]（内容を）理解する

bellen [belde, *h.* ge´beld] 電話する

be´neden 下に

be´slissing [de, -en] 決定

be´talen [be´taalde, *h.* be´taald] 支払う

be´zoeken [be´zocht/be´zochten, *h.* be´zocht] 訪れる

beu 嫌な，うんざりした

bij …のそばに；～ uitstek とくに

binnen 内側に，中で

bio´scoop [de, ...scopen] 映画館

blij うれしい（met …で）

blijven [bleef/bleven, *is* ge´bleven] とどまる；…したままでいる

bloei [de] 開花

boek [het, -en] 本

boeken [boekte, *h.* ge´boekt] 予約する

boekenkast [de, -en] 本棚

bon [de, -nen] レシート

boodschappen 複 買い物

boom [de, bomen] 木

bos 林，森 [het, -sen]；束 [de, -sen]

boter [de, -s] バター

botsen [botste, *h./is* ge´botst] 衝突する

boven 上に

brengen [bracht/brachten, *h.* ge´bracht] 持っていく

brief [de, ...ven] 手紙

briefkaart [de, -en] 葉書

bril [de, -len] メガネ

broer [de, -s] 兄弟

brood [het, broden] パン

broodje [het, -s] サンドイッチ

brug [de, -gen] 橋

buikpijn [de, -en] 腹痛

buiten 外側に，外で

bus [de, -sen] バス

buurt [de, -en] 近所

C

ca´deau [het,-s] 贈り物

café [het, -s] 喫茶店

ca´talogus [de, -sen/...gi] カタログ

cent [de, -en] セント（貨幣単位）

centrum [het, -s/centra] 中心

chic しゃれた

Chi´nees [het] 中国語

col´lega [de, -'s] 同僚

con´cert [het, -en] コンサート

D

daar そこ・あそこに

daar´heen/daarheen そこ・あそこへ

daar´na/daarna その後で

daar´om/daarom だから

dag [de, dagen] 日

dan それでは，それから；…よりも

dansen [danste, *h.* ge´danst] 踊る

dat …ということ

denken [dacht/dachten, *h.* ge´dacht] 考える，思う（aan …を）

deur [de, -en] ドア

deze/dit これ，この

dia´lect [het, -en] 方言

die/dat あれ・それ，あの・その

dienen [diende, *h.* ge´diend] 役に立つ

ding [het, -en] 物，事

di´ploma [het, -'s] 免許

dochter [de, -s] 娘

doen [deed/deden, *h.* ge´daan] する，与える；～させる

dokter [de, -s] 医者

dood 死んだ

door …を通って・によって

door|rijden [reed/reden...door, *h./is* doorgereden]（車などで）先を急ぐ

douche [de, -s] シャワー

dragen [droeg/droegen, *h.* ge´dragen] 運ぶ，着る

driekamerflat [de, -s] ３部屋のマンション，2LDK

drinken [dronk/dronken, *h.* ge´dronken] 飲む

drogen [droogde, *h./is* ge´droogd] 乾燥する

druif [de, ...ven] ブドウ

druk 多忙な；het ～ hebben 忙しい

Duits [het] ドイツ語

duren [duurde, *h.* ge´duurd] 続く

duur 高価な

E

echt 本当の
een beetje 少し
een paar 二，三の
een poosje しばらくの間
eens ちょっと，一度，…ね・よ
eerst 最初の・に；voor het ～ 初めて
ei [het, -eren] 卵
eigen 独自の，自分の
eind [het, -en] 距離，道のり；終わり
elk どの…も；～e dag 毎日
el´kaar おたがい；bij ～ 全部で
en そして
er そこ，それ，そのうちの，等
erg とても
ergens どこかに
ernstig 深刻な，まじめな
eten [at/aten, *h.* ge´geten] 食べる
eten [het] 食事，食べ物
euro [de, -'s] ユーロ（貨幣単位）
even ちょっと，…ね・よ；～ kijken えーと
e´xamen [het, -s/...mina] 試験

F

fa´milie [de, -s] 家族，親族
felici´teren [felici´teerde, *h.* gefelici´teerd] 祝福する，祝う（met …について）
fiets [de, -en] 自転車
fietsen [fietste, *h./is* ge´fietst] 自転車で行く
fietstocht [de, -en] サイクリング
flat [de, -s] マンション（の１世帯分）
flink かなりの
formu´lier [het, -en] 用紙，書類
fout [de, -en] 誤り
Fries フリジア人 [de, ...zen]；フリジア語 [het]
fris さわやかな

G

gaan [ging/gingen, *is* ge´gaan] 行く；…しに行く，…する予定である
ge´beuren [ge´beurde, *is* ge´beurd] 起こる
ge´boren 生まれた
ge´bouw [het, -en] 建物
ge´hakt [het] ひき肉
gek 夢中な（van …に），奇妙な
geld [het] お金
ge´leden …前
ge´lijk 等しい；～ hebben 正しい
ge´loven [ge´loofde, *h.* ge´loofd] 思う，信じる
ge´luk [het] 幸運，幸せ
ge´lukkig 幸運な，幸せな
ge´neesmiddel [het, -en] 薬
ge´noeg 十分な
geven [gaf/gaven, *h.* ge´geven] 与える
ge´woon まったく；慣習的な
ge´zellig 心地よい
ge´zin [het, -nen] 家族
ge´zinsfeest [het, -en] 家族の祝い
ge´zond 健康な
gisteren 昨日
gister´avond 昨晩
glas [het, glazen] グラス
goed 良い
graad [de, graden] …度（温度など）

graag 好んで
graven [groef/groeven, *h.* ge´graven] 掘る
groen 緑色の
grond [de, -en] 床，地面
groot 大きい

H

haar [het/de, haren] 毛髪
haasten [haastte, *h.* ge´haast] zich～ 急ぐ
hakken [hakte, *h.* ge´hakt] たたき切る
halen [haalde, *h.* ge´haald] 迎えに・取りに行く，切り抜ける
half 半分の；(マイナス１)時半
hand [de, -en] 手
hangen [hing/hingen, *h.* ge´hangen] 掛かっている；(掛かったままで)…している
hard 熱心な，かたい
haring [de, -en] ニシン
haringkar [de, -ren] ニシンの屋台
haven [de, -s] 港
hebben [Les 3 文法 had/hadden, *h.* ge´had] 持っている；完了の助動詞
heel とても；～ wat 多く(の)；de hele dag 一日中
heerlijk すばらしい
heet 暑い，熱い；het ～ hebben 暑い
he´laas 残念ながら
helpen [hielp/hielpen, *h.* ge´holpen] 助ける
heten [heette/heetten, *h.* ge´heten] …という名前である，…と称する
hier ここに
hoe どのように
hoek [de, -en] 曲がり角，隅
hoe´veel どのくらい多く(の)
hoe´veelste 何番目に多く(の)
hoeven [hoefde, *h.* ge´hoefd/ge´hoeven] …する必要がある
hond [de, -en] 犬
hoofdpijn [de, -en] 頭痛
hote´lier [de, -s] ホテリア
huis [het, huizen] 家
huis|houden [hield/hielden...huis, *h.* huisgehouden] 家事をする
huiswerk [het] 宿題
huwelijk [het, -en] 結婚

I

i´dee [het, -ën] 考え，アイデア
ieder´een だれでも
iets 何か
in …の中に・中へ
infor´meren [infor´meerde, *h.* geïnfor´meerd] 問い合わせる
interes´sant おもしろい，興味深い

J

ja はい
jaar [het, jaren] 年
Ja´pans 日本語 [het] ；日本(語・人)の
jarig 誕生日の
jas [de, -sen] 上着，コート
ja´wel はい，そうです；いいえ，とんでもない
ja´zeker はい，もちろん
jeugd [de] 青年時代，若さ
jong 若い
jongen [de, -s] 男の子

K

kaartje [het, -s] 切符，チケット
kaas [de, kazen] チーズ
kachel [de, -s] ストーブ
kamer [de, -s] 部屋
kant [de, -en] 端，方角
karper [de, -s] 鯉
kat [de, -ten] 猫
keel [de, kelen] のど
keer [de, keren] …回，転回
kennen [kende, *h.* ge´kend]（人などを）知っている
kennis [de, -sen] 知識，知人
kerk [de, -en] 教会；Oude Kerk 旧教会（古い歴史がある教会）
kerstfeest [het, -en] クリスマスの祝い
Kerstmis [de] クリスマス
kiespijn [de] 歯痛
kijken [keek/keken, *h.* ge´keken] 見る（naar …を）
kind [het, -eren] 子供
kinderdagverblijf [het, ...ven] 託児所
kindervriend [de, -en] 子供好き
klaar|maken [maakte...klaar, *h.* klaargemaakt] 用意する
klein 小さい
kleren 複 衣服
kloppen [klopte, *h.* ge´klopt] ノックする，一致する
knippen [knipte, *h.* ge´knipt] 切る
koffer [de, -s] 旅行かばん
koffie [de] コーヒー
komen [Les 3 文法 kwam/kwamen, *is* ge´komen] 来る；…しに来る
kop [de, -pen] コップ，…杯
kopen [kocht/kochten, *h.* ge´kocht] 買う
kosten [kostte, *h.* ge´kost]（値段が）…かかる
kou [de] 寒さ
koud 寒い，冷たい；het ～ hebben 寒い
krant [de, -en] 新聞
krijgen [kreeg/kregen, *h.* ge´kregen] 得る
kruising [de, -en] 交差点
kuil [de, -en] 穴，くぼみ
kunnen [Les 8 kon/konden, *h.* ge´kund] …できる，等
kust [de, -en] 海岸
kwart/kwar´tier [het, -en] 15分，4分の1
kwetsen [kwetste, *h.* ge´kwetst] 傷つける

L

laat 遅い；hoe laat いつ
lang 長い；長い間
langs …に沿って
langs|komen [Les 3 文法 kwam/kwamen...langs, *is* langsgekomen] 立ち寄る
langzamer´hand そろそろ，徐々に
last [de, -en] 悩み，重荷
lastig つらい，面倒な
later 後で
leerling [de, -en] 生徒
lekker おいしい，すばらしい，快適な
lente [de, -s] 春
leraar [de, leraren/-s] 教師
leren [leerde, *h.* ge´leerd] 学ぶ
leuk すばらしい
leven [het, -s] 生活，生命
leven [leefde, *h.* ge´leefd] 生きる，生活する
lezen [las/lazen, *h.* ge´lezen] 読む

licht [het, -en] 光，ライト

liggen [lag/lagen, *h.* ge´legen] 横たわっている；(横になって)…している；gaan ～ 横になる

lijn [de, -en] 路線，線

links 左に

lo´ket [het, -ten] 窓口，カウンター

loket´tist [de, -en] 窓口係

lopen [liep/liepen, *h./is* ge´lopen] 歩く，走る

luid やかましい

luisteren [luisterde, *h.* ge´luisterd] 注意深く聞く(naar …を)

lukken [lukte, *is* ge´lukt] 成功する

M

maand [de, -en] (暦の)月

maar しかし；…よ・ね

maken [maakte, *h.* ge´maakt] つくる；te ～ hebben 関係がある(met …と)

man [de, -nen] 男，夫

markt [de, -en] 市場，マルクト広場

marktplein [het, -en] 市の立つ広場

medi´cijnen 複 医学

mee いっしょに

meer より多く(の)

meestal たいてい

meisje [het, -s] 女の子

melk [de] 牛乳

men (世間一般・不特定の)人は(主格)

me´neer …さん，呼びかけ(男性)

mens [de, -en] 人間

met …とともに・で・を使って

me´vrouw …さん，呼びかけ(女性)

middag [de, ...dagen] 昼；'s ～s 昼に

middel [het, -en] 薬，手段

midden 真ん中に，最中に

mi´nuut [de, ...nuten] 分(時間単位)

mis 誤った

mis´schien もしかしたら

moe 疲れた

moeder [de, -s] 母

moedig 勇気のある

moeilijk 困難な，むずかしい

moeite [de, -n] 苦労

moeten [Les 9 moest/moesten, *h.* ge´moeten] …しなければならない，等

mogelijk 可能な

mogen [Les 9 mocht/mochten, *h.* ge´mogen] …してもいい，等

mo´mentje! お待ちください

mooi 美しい，すてきな

morgen [de, -s] 朝；明日

morgen´ochtend 明日の朝

mu´seum [het, ...sea/-s] 博物館，美術館

mu´ziek [de] 音楽

N

na …の後で

naam [de, namen] 名前

naar …へ・によれば

naast …の横に

nacht [de, -en] 夜；'s ～s 夜に

na´dat …した後で

na´tuurlijk もちろん；自然な

Nederland [het] オランダ

Nederlands オランダ語 [het]；オランダ(語・人)の

nee いいえ

nemen [nam/namen, *h.* ge´nomen] 取る
niet …ない [否定詞，英 *not*]
nieuw 新しい
nieuws [het] ニュース，知らせ
nodig 必要な；～hebben 必要とする
noemen [noemde, *h.* ge´noemd] 名づける，呼ぶ，（名を）挙げる
nog まだ
nooit けっして（…）ない
nou さて，まあ
nu 今

O

of または；…かどうか
offici´eel 公的な
ogenblik [het, -ken] 瞬間；een～je! しばらくお待ちください
om …時に・のまわりに
om´dat … なので
onder …の下に
onder´tekenen [onder´tekende, *h.* onder´tekend] サインする
ont´bijt [het, -en] 朝食
ont´bijten [ont´beet/ont´beten, *h.* ont´beten] 朝食を取る
ook （…も）また
oorlog [de, ...logen] 戦争
op …の上に・上へ
open´baar 公共の
op|eten [at/aten...op, *h.* opgegeten] 食べつくす
op|houden [hield/hielden...ob, *is* opgehouden] やめる（met …を）
op´recht 本当の，生粋の
op|staan [stond/stonden...op, *is* opgestaan] 立ち上がる，起きる
oud 古い，年とった，…歳の
over …を越えて・後に・について
over|gaan [ging/gingen...over, *is* overgegaan] なくなる
over´leggen [over´legde, *h.* over´legd] 熟考する，相談する
overmorgen あさって

P

pakje [het, -s] 小包
pakken [pakte, *h.* ge´pakt] つかむ，詰める
par´don すみません
par´keren [par´keerde, *h.* gepar´keerd] 駐車する
pen´sioen [het, -en] 年金，年金生活
perzik [de, -en] 桃
pijn [de, -en] 痛み
pils [het/de] （淡色の）ビール
plaats [de, -en] 場所
plein [het, -en] 広場
postbeambte [de, -n] 郵便局員
postkantoor [het, ...toren] 郵便局
postzegel [de, -s] 切手
prachtig すばらしい
praten [praatte, *h.* ge´praat] しゃべる，話す
pre´cies 正確な
prettig すばらしい
prijs [de, prijzen] 価格
prima すばらしい
pro´beren [pro´beerde, *h.* gepro´beerd] 試みる，試食する
pro´bleem [het, ...blemen] 問題

pro´gramma [het, -'s] 番組

pro´vincie [de, -s/...ciën] 州

R

raad [de] 助言

raden [raadde, ried/raadden, rieden, *h.* ge´raden] 忠告する

re´ceptie [de, -s] 受付，フロント

recht´door まっすぐに

rechten 覆 法律学

redelijk かなり

regel´matig 規則的な

regenen [regende, *h.* ge´regend] 雨が降る

reis [de, ...zen] 旅行

reizen [reisde, *h./is* ge´reisd] 旅行する

reser´veren [reser´veerde, *h.* gereser´veerd] 予約する

re´tourtje [het, -s] 往復切符

richting [de, -en] 方向

rijden [reed/reden, *h./is* ge´reden] （車などで）行く

rijk 裕福な

rillen [rilde, *h.* ge´rild] 身震いする

roepen [riep/riepen, *h.* ge´roepen] 呼ぶ

roken [rookte, *h.* ge´rookt] 喫煙する

ru´moer [het] 騒ぎ

rusten [rustte, *h.* ge´rust] 休む

S

samen いっしょに

schaatsen [schaatste, *h.* ge´schaatst] スケートをする

schikken [schikte, *h.* ge´schikt] 都合が良い

schilderen [schilderde, *h.* ge´schilderd] 描く

school [de, scholen] 学校

schrijven [schreef/schreven, *h.* ge´schreven] 書く

sei´zoen [het, -en] 季節

seri´eus まじめな，真剣な

siga´ret [de, -ten] タバコ

sinaasappelsap [het, -pen] オレンジジュース

slaapkamer [de, -s] 寝室

slag [de, slagen] 打撃

slank スリムな，細身の

slapen [sliep/sliepen, *h.* ge´slapn] 眠る

slechts …だけ

sleutel [de, -s] 鍵

slim 利口な，ずる賢い

snel 早い，速い

sneltrein [de, -en] 急行列車

sober 質素な

sollici´teren [sollici´teerde, *h.* gesollici´teerd] 求職・出願する

soms もしかすると；ときどき

spa [de] ミネラルウォーター

spaander [de, -s] 削りくず

spelen [speelde, *h.* ge´speeld] 遊ぶ

spellen [spelde, *h.* ge´speld] つづる

spier [de, -en] 筋肉

spierpijn [de] 筋肉痛

spoor [het, sporen] （鉄道の）ホーム

spreken [sprak/spraken, *h.* ge´sproken] 話す

staan [stond/stonden, *h.* ge´staan] 立っている；（立って）…している；gaan ～ 立ち上がる

sta´tion [het, -s] 駅

stelen [stal/stalen, *h.* ge´stolen] 盗む

sterk 強い

sterven [stierf/stierven, *is* ge´storven] 死ぬ

stoel [de, -en] いす

stof [de, -fen] 物質，素材

straat [de, straten] 通り

stu´deren [stu´deerde, *h.* gestu´deerd] 大学で学ぶ

studie [de, -s/...diën] 勉学，研究

stuk [het, -ken/-s] 小片，区画，個（単位）；een～je 少しの距離

suiker [de] 砂糖

T

taal [de, talen] 言語

taart [de, -en] タルト

tafel [de, -s/-en] テーブル

tandarts [de, -en] 歯医者

tas [de, -sen] カバン

taxi [de, -´s] タクシー

te 不定詞標識 [英 *to*] ；あまりに

te koop 売り物の

tegen …にたいして

tegen´over …の向かいに

tele´foon [de, -s/...fonen] 電話；de～ gaat 電話が鳴る

tele´foonnummer [het, -s] 電話番号

tele´foongids [de, -en] 電話帳

ter´ras [het, -sen] テラス

te´vreden 満足した（mee …に）

the´ater [het, -s] 劇場

thee [de] お茶，紅茶

thuis アットホームに，自宅で

tijd [de, -en] 時間；op ～ 時間通り

tjap´tjoi [de] チャプチョイ，チャプスイ，中華風肉野菜炒め

tocht [de, -en] 旅

toen …したときに

toi´let [het, -ten] トイレ

trein [de, -en] 列車

trek [de, -ken] 食欲，欲望，一服

trots 誇りにしている（op …を）

trouwen [trouwde, *is* ge´trouwd] 結婚する

trouwens ところで

tuin [de, -en] 庭

tulp [de, -en] チューリップ

tweepersoonskamer [de, -s] ２人部屋

U

ui [de, -en] タマネギ

uit …から，…の外へ

uitgebreid 幅広い

uit|slapen [sliep/sliepen...uit, *h.* uitgeslapen] 十分に眠る

uit´stekend すばらしい

uitzendbureau [het, -s] 人材派遣会社

urenlang 何時間も

uur [het, uren] …時間

V

vaak しばしば，頻繁な

vader [de, -s] 父

vallen [viel/vielen, *is* ge´vallen] 落ちる

van …の・から・について

van´daan …から

van´avond 今晩

van´daag 今日

van´daar そこから

van´door 立ち去って

van´middag 今日の午後に

van´nacht 今夜，昨夜

van´zelf ひとりでに，自然に

veel 多く(の)

ver 遠い

ver´geten [ver´gat/ver´gaten, *h./is* ver´geten] 忘れる

ver´hogen [ver´hoogde, *h.* ver´hoogd] 上げる

ver´huizen [ver´huisde, *is* ver´huisd] 引っ越す

ver´jaardag [de, ...dagen] 誕生日

ver´leden week 先週

verpleeg´kundige [de, -n] 看護師

vers 新鮮な

ver´schil [het, -len] 相違

ver´staan [ver´stond/ver´stonden, *h.* ver´staan] (聞いて)理解する

ver´stand [het] 理解

ver´sturen [ver´stuurde, *h.* ver´stuurd] 送る

ver´tellen [ver´telde, *h.* ver´teld] 語る

ver´trekken [ver´trok/ver´trokken, *is* ver´trokken] 出発する

ver´trektijd [de, -en] 出発時間

ver´velen [ver´veelde, *h.* ver´veeld] 退屈させる；zich ～ 退屈する

ver´wachten [ver´wachtte, *h.* ver´wacht] 期待する，(…を)待ち望む

vieren [vierde, *h.* ge´vierd] 祝う

vis [de, -sen] 魚

vlak´bij …のすぐそばに

vliegen [vloog/vlogen, *h./is* ge´vlogen] 飛ぶ

vloeiend 流暢な

vlucht [de, -en] 飛行，フライト

voelen [voelde, *h.* ge´voeld] 感じる；zich ～ 自分が…と感じる

volgend 次の

voor …の前に・のために

voorbeeld [het, -en] 例

voor´dat …する前に

voor|stellen [stelde...voor, *h.* voorgesteld] 紹介する；zich ～ 想像する

voorwerp [het, -en] 物，物体

voor´zichtig 注意深い

voorzitter [de, -s] 議長，司会

vragen [vroeg/vroegen, *h.* ge´vraagd] 問う

vreemd 未知の，異国の

vreselijk ひどく；恐ろしい

vrien´din [de, -nen] ガールフレンド

vrijdag [de, ...dagen] 金曜日

vrijge´zel [de, -len] 独身者

vroeger 以前，昔

vrouw [de, -en] 女，妻

W

waar どこ；～...naar´toe どこへ；～...van´daan どこから

waar 本当の，真の

waard 価値がある

waar´om なぜ

wachten [wachtte, *h.* ge´wacht] 待つ (op …を)

wakker 目覚めた；～worden 目覚める

wandelen [wandelde, *h./is* ge´wandeld] 散歩する

wan´neer いつ

want なぜなら

warm 暖かい，暑い

was [de] 洗濯物

wassen [waste/wasten, *h.* ge´wassen] 洗う

wat 何，何か・少し，なんと(…)か

wat voor (een) どんな

water [het] 水

week [de, weken] 週

weekend [het, -s/-en] 週末

weer 天気 [het]；再び

weg 道 [de, wegen] ；離れて

weinig わずか(な)

wekken [wekte, *h.* ge´wekt] 起こす

wel たぶん，…ね・よ

welk/welke どの，どれ

wennen [wende, *is* ge´wend] 慣れる(aan …に)

wensen [wenste, *h.* ge´wenst] 願う，望む

wereld [de, -en] 世界；ter ～ 世界で

werk [het, -en] 仕事

weten [wist/wisten, *h.* ge´weten] (事柄などを)知っている

wie だれ；…する人はだれでも

willen [Les 8 wou, wilde/wouden, wilden, *h.* ge´wild] …したい，等

wind [de, -en] 風

wisselen [wisselde, *h.* ge´wisseld] 両替・交換する

woensdag [de, ...dagen] 水曜日

wonen [woonde, *h.* ge´woond] 住む

woning [de, -en] 住居

woonkamer [de, -s] 居間

worden [werd/werden, *is* ge´worden] …になる；…される [受動の助動詞]

wortel [de, -s/-en] ニンジン

Y

yen [de, -s] (日本)円

Z

zaak [de, zaken] 事柄，用件

zaal [de, zalen] 広間

zacht 静かな，穏やかな

zeer [het] 痛み

zeeziekte [de] 船酔い

zeg ねえ，ほら

zeggen [zei(de)/zeiden, *h.* ge´zegd] 言う

zeker 確かな(van …について)

zelf 自分で，独力で

zetten [zette, *h.* ge´zet] すえる，用意する

ziek 病気の

zien [zag/zagen, *h.* ge´zien] 見る，会う

zijn [Les 3 文法 was/waren, *is* ge´weest] …である，…がある・いる，完了の助動詞

zin [de, -nen] 気持ち；～ hebben in …の気持ちがある

zitten [zat/zaten, *h.* ge´zeten] すわっている；(すわって)…している；gaan ～ すわる

zo そのように

zoiets そのようなもの

zoeken [zocht/zochten, *h.* ge´zocht] 探す

zon [de, -nen] 太陽，日光

zo'n そのような

zoon [de, -s/zonen] 息子

zorg [de, -en] 心配；zich～en maken 心配する

zo´veel それほど多く(の)

zullen [Les 8 zou/zouden, なし] …だろう，等

zuur [het, zuren] 酸

zwemmen [zwom/zwommen, *h./is* ge´zwommen] 泳ぐ

著者略歴

清水　誠（しみず まこと）

静岡県に育つ。

東京大学大学院修士課程修了。ドイツ語学・ゲルマン語学専攻。

現在：北海道大学大学院文学研究院特任教授、文学博士、オランダ学士院フリスケアカデミー会員 (lid fan de Fryske Akademy, KNAW)。

著書：『新コンサイス独和辞典』(執筆協力、三省堂)、『現代オランダ語入門』（別売 CD 付、大学書林）、『西フリシア語文法－現代北海ゲルマン語の体系的構造記述』（北海道大学出版会）、『オランダ語のしくみ〈新版〉』（白水社）、『北欧アイスランド文学の歩み－白夜と氷河の国の六世紀』（現代図書）、『アイスランドの言語、歴史、神話』（編、麻生出版）、『ゲルマン語入門』（三省堂、日本独文学会賞受賞）、『オランダ語の基本』（三修社）、『ゲルマン語歴史類型論』(北海道大学出版会)、『ゲルマン語のしくみ』（白水社）

新装版《しんそうばん》

ゼロから話《はな》せるオランダ語《ご》

2024 年 3 月 20 日　第 1 刷発行

著　者　清水　誠

発行者　前田俊秀

発行所　株式会社三修社

〒 150-0001　東京都渋谷区神宮前 2-2-22

TEL 03-3405-4511　FAX 03-3405-4522

振替 00190-9-72758

https://www.sanshusha.co.jp

編集担当　永尾真理

印刷製本　萩原印刷株式会社

ISBN978-4-384-06092-8 C0087

DTP　株式会社欧友社

音声制作　株式会社メディアスタイリスト

カバーデザイン　山内宏一郎（SAIWAI design）

本文イラスト　高橋なおみ

本書は『CD 付 ゼロから話せるオランダ語』（2008 年 6 月刊行）の新装版です。